Thomas Hanstein, Andreas Ken Lanig

# #Online-Lehre meets #Online-Coaching

Lehrhandeln und Coaching
in virtuellen Lernräumen

Ein empirischer Beitrag zur
Bildungsforschung im
Corona-Jahr 2020/21

Waxmann 2021
Münster • New York

**Bibliografische Informationen der Deutschen Nationalbibliothek**
Die Deutsche Nationalbibliothek verzeichnet diese Publikation in
der Deutschen Nationalbibliografie; detaillierte bibliografische
Daten sind im Internet über http://dnb.dnb.de abrufbar.

Print-ISBN 978-3-8309-4389-1
E-Book-ISBN 978-3-8309-9389-6

© Waxmann Verlag GmbH, 2021
Steinfurter Straße 555, 48159 Münster

www.waxmann.com
info@waxmann.com

Umschlaggestaltung: Sylvia M. Ebner/Andreas Ken Lanig
Satz: MTS. Satz & Layout, Münster
Druck: CPI Books GmbH, Leck

Gedruckt auf alterungsbeständigem Papier,
säurefrei gemäß ISO 9706

MIX
Papier aus verantwortungsvollen Quellen
FSC® C083411

Printed in Germany

Alle Rechte vorbehalten. Nachdruck, auch auszugsweise, verboten.
Kein Teil dieses Werkes darf ohne schriftliche Genehmigung des
Verlages in irgendeiner Form reproduziert oder unter Verwendung
elektronischer Systeme verarbeitet, vervielfältigt oder verbreitet werden.

#Online-Lehre meets #Online-Coaching

# Inhalt

# Einleitung – Aufbau – Überblick

Schulen und Hochschulen stehen vor einer historischen Chance – und zwar der Realisierung einer digital angereicherten, kompetenzorientierten Vermittlungspraxis. Gleichzeitig deutet das Gefühl des „Geschafft-Seins" nach anderthalb Jahren in diesem Veränderungsprozess darauf hin, dass es die Lehrenden sind, die diese Chance in ihrer täglichen Praxis ergreifen.

Auch wenn es die öffentliche Debatte zu wenig würdigt: Im Schuljahr 2020/2021 entstanden Lösungen, die von einzelnen Lehrenden ausgingen. Diesen Lösungen gehen die Autoren in einer Interviewstudie nach. Lehrpraktikerinnen und Lehrpraktiker schildern ihre Erfahrungen, Überzeugungen und Aussichten an dieser epochalen gesellschaftlichen Scharnierstelle.

Die Studie bewegt sich entlang der beiden Forschungsfragen: „Welche Gelingensfaktoren hat das Lehrhandeln bei der Kompetenzentwicklung in Online- und hybriden Lernräumen?" Und: „Wie können virtuell und hybrid Lehrende durch bedarfsbezogene, ‚maßgeschneiderte‘ Coachingangebote zielführend unterstützt werden?"

Die Ergebnisse machen deutlich, dass bei aller digitalen Komplexität Unterricht und Lehre nach wie vor ein Geschehen zwischen Lernenden und Lehrenden ist. Ein zentrales Ergebnis ist, dass diese personalen Beziehungspotenziale über neue Formate des Coachings in die Reflexion geführt werden müssen, um dort fruchtbar zu werden. Und: dass sie nie – und hoffentlich nimmer – durch Technik und Tools zu ersetzen sind. Ein weiteres Resultat ist, dass die Erkenntnisse aus der Coronakrise grundsätzliche Herausforderungen für Schul- und Hochschulentwicklungen ergeben haben.

Die Lösungen aus der Krise sind wertvolle Ansätze, um das hybride Lernen als überfällige epistemische Debatte wahrzunehmen: Wir sehen, dass das Online-Lehren und -Lernen in seiner Dezentralität nach anderen Prinzipien verläuft, als dies in physischen Lernräumen der Fall ist/war. Ebenso, dass „Online-Unterricht viel mehr als die so oft dargestellte ‚Notlösung‘" (O-Ton in einem kollegialen Coaching) ist.

Diese neuen Lernräume wollen neu begriffen werden. Und dies geht nach den Ergebnissen und dem Dafürhalten der Autoren induktiv, indem Kolleginnen ihre Erfahrungen regelmäßig tauschen, debattieren und konstruktiv kritisieren. Nur so lassen sich „Mindsets" verändern – nach Jürgen Handke einer der entscheidenden Aspekte für eine wirkliche und nachhaltige Digitalisierung (vgl. Handke, 2020, S. 11–17).

Im Diskurs zur Digitalisierung in Schulen und Hochschulen stellt sich eine Fragestellung als zentral heraus: Was sind die Gründe, warum diese Entwicklung seit Jahrzehnten vergleichsweise träge verläuft? Die hier angestellte Studie sucht die Gründe nicht in erster Linie auf systemisch-institutioneller Ebene, sondern im Fühlen, Denken und Handeln von Lehrenden.

Diese Hypothese ist nicht neu: Die Lehr-Lernforschung hat die „epistemischen Überzeugungen" von Lehrenden als Begründungszusammenhang bereits vor Jahren herausgearbeitet (vgl. Holzkamp, 1992). Die Prämisse lautet in unserem Kontext, dass auch im Format der Online-Lehre (und ggf. erster hybrider Formate) das eigene Verständnis vom Entstehen und der Weitergabe von Wissen ausschlaggebend für das eigene Lehrhandeln ist. Naturgemäß bemessen sich diese Zeiträume in Generationen. Denn, was Lehrende selbst als Lernende erfahren haben, wird ein Jahrzehnt später in Teilen reproduziert – und in weiteren Jahrzehnten praktiziert.

Gleichzeitig haben sich epistemische Überzeugungen von Lehrenden durch E-Learning-Settings wenig verändert: Dieses Ergebnis erbringt eine Studie, in der Lehrende zu ihren Auffassungen zu vier Themen befragt wurden: die eigene Rolle, die Lehr-Lern-Konzeptionen, die Rolle der Lernenden und die Veränderungen dieser Auffassungen. So wurde deutlich, dass die Lehrenden klassisch ihre Rolle als direktiv handelnde*r Moderator*in und Wissensverwalter*in sehen. Es ist in der Projektion auf Ergebnisse aus der vierten Themengruppe „Veränderungen epistemischer Konzepte" daher anzunehmen, dass diese klassische Interpretation der Lehrperson als dominante oder gar kontrollierende Instanz in der virtuellen Lehre eingenommen werden würde (vgl. Gruber, 2007, S. 125). Die Kontrolle indes – das machen viele Erfahrungen des „Kontrollverlustes" von Kolleg*innen im Online-Unterricht deutlich – erweist sich spätestens mit dem Einstieg in digitalisierte Lehr- und Lernprozesse als pädagogische Schimäre. Insofern wird – systemisch betrachtet – dieser Aspekt einer der Hauptpunkte sein, der beim Aufbau eines veränderten Mindsets zu reflektieren sein wird; schließlich hat sich Schule traditionell bis heute insbesondere auch durch Kontrolle definiert (was wir an der Diskussion um die Präsenzpflicht gerade leidenschaftlich erleben).

Aufbauend auf diesen bereits konstatierten Befunden aus der Bildungsforschung suchen wir über diese Studie empirisch zu erheben, ob – und wie – dieser Wirkungszusammenhang von eigenen, verinnerlichten Rollenbildern und gelebter pädagogischer Praxis in und durch die Corona-Krise auch bei virtuell Lehrenden zutrifft. In diesem Kontext sind wir auf der Suche nach Qualitätskriterien, die über diesen Zusammenhang hinausgehen und ihn für neue und zukunftsweisende Konzepte – kollektive, aber auch berufsindividuelle – weiten.

In leitfadengestützten Interviews wurden dazu elf online Lehrende aus den Bereichen Oberstufe, Hochschul- und Erwachsenenbildung befragt. Die Gespräche fanden von September bis Dezember 2020 als Videokonferenzen statt. Die Interviews wurden wortgetreu transkribiert und inhaltsanalytisch ausgewertet. Die qualitative Konzeptbildung ist an der „Grounded Theory" (Strauss, 1998) angelehnt, insofern sie einzelne Aussagen in den vier Forschungsunterfragen in Codes verdichtet und diese in Kategorien gruppiert. Das forschungsstrategische Ziel ist die Überprüfung von Verhaltensmustern bei den Lehrenden hin zu einer „theoretischen Sättigung", die als solche dann keine neuen Phänomene mehr offenbart. In diesem Punkt ist dann eine Konzeptbildung möglich, die innerhalb der vier Fragengruppen eine Erklärungskraft aus den Befunden entwickeln kann.

In einer theoretischen Fundierung wird zunächst das Lernhandeln verdichtet. Hier stellt einerseits die Dissertation „Virtualisierte Fernlehre in gestalterischen Fachbereichen" (Lanig, 2019) eine Basis dar, andererseits Vorarbeiten auf dem Gebiet des Online-Coachings (Berninger-Schäfer, 2018) und im Bereich virtuell adaptierbarer Coachingtools (Hanstein, 2021a). Ziel dieser Untersuchung ist das Herausarbeiten besonderer Herausforderungen des virtuellen Coachings im expliziten Kontext des Lehr- und Lernhandelns. Hier wird auch an der Diskussion zum klassischen Atelierlernen und dessen Hybridisierung (vgl. Lanig, 2020) angeknüpft sowie an die methodisch-didaktischen Grundlagen zum Online-Coaching (vgl. Hanstein, 2021b).

Angezielt war, dass Metaphern des „Denkens, Fühlens und Handelns" (Mayring/Faltermaier/Ulig, 1987) sichtbar werden, die sich voraussichtlich in der Empirie bei Lehrenden wie Lernenden wiederfinden. Deshalb wurde aufgrund der aktuellen – durch die Pandemie bedingten – pädagogischen Suchbewegungen in den Schuljahren 2019/20 und 2020/21 eine zusätzliche quantitative Befragung an die erste Untersuchung angeschlossen. Diese Umfrage wurde mit 172 Teilnehmer*innen durchgeführt. Inklusive der soziodemografischen Angaben enthielt diese Umfrage 22 Fragen. Eine Beschreibung der Untersuchung befindet sich im Kapitel IV. 1.

Das Virtualisierungskonzept der DIPLOMA Fernhochschule z. B. ersetzt die klassische Präsenzveranstaltung durch virtuelle Echtzeitveranstaltungen. Diese Veranstaltungen werden durch die Dezentralisierung der Zielgruppe notwendig. Diese Merkmalsdimension ist in der Theorie (vgl. Ojstersek, 2007) vergleichsweise selten untersucht und stellt damit einen aktuellen Forschungsbedarf dar – damit sind die zu erwartenden Erkenntnisse nur bedingt auf beliebige Fachdidaktiken generalisierbar. Gleichwohl verspricht die empirische Studie über das soziale Lernen dezentraler, virtualisierter Lerngruppen neue Erkenntnisse, weil sie auf das Coaching in ästhetischen Entwicklungsprozessen bezogen werden. Die Studie widmet sich den folgenden Forschungsfragen:

1. Was ist aus Lehrenden-Sicht ein *guter Online-Unterricht*? Welche Gelingenskriterien lassen sich als Handlungskonzept eines „guten Online-Unterrichts" daraus ableiten?
2. Auf welche Weise gelingt es Lehrenden, eine hohe *Kompetenz* und *Qualität* in ihrem Unterricht zu erreichen? Wie bewerten Lehrende dabei die methodisch-didaktische Einführung durch ein *Schulungsprogramm* sowie den *Unterstützungsbedarf* und das Angebot des „kollegialen Coachings"?
3. Wie entstehen *„Teacher Beliefs"* bei Lehrenden, die auf dem „zweiten Weg" zur Lehre und zum Unterricht gekommen sind? Inwiefern unterscheiden sich diese Konzepte von der klassischen Lehrer*innenausbildung und Weiterbildung?
4. Was generiert *Sinn* in der Online-Lehre? Wie lassen sich diese Sinn-Ebenen fassen und in die Ebene des „guten Unterrichts" (Frage 1) sowie in das eigene Lehrenden-Selbstbild (Frage 3) integrieren?

Die Untersuchung hat folgende vier Leitkategorien mit jeweiligen Beispielfragen als Ausgangspunkt für die Analyse, Interpretation und Konzeptbildung:

Kategorie 1: „Online-Lehre"
- Was sind Ihre bisherigen Erfahrungen mit virtueller Lehre?
- Welche Vorteile und Nachteile gegenüber analogem Unterricht gibt es?
- Welches Feedback gab es für Ihren Unterricht?

Kategorie 2: „Kollegiales Coaching"
- Inwiefern war das von ihnen gewählte didaktische Schulungsprogramm für Sie und Ihren Unterricht hilfreich?
- Gibt es Unterschiede zu anderen Schulungsprogrammen?
- Was hat Sie gegebenenfalls an der Teilnahme am „kollegialen Coaching" gehindert?
- Wie zukunftsfähig ist individuelles Coaching auch für den analogen Unterricht?

Kategorie 3: „Teacher Beliefs"
- Der Begriff aus der Pädagogik beschreibt das Selbstbild der/s Lehrenden und stellt eine Handlungsüberzeugung dar. Er wächst über Jahre. Welche Handlungsüberzeugungen gibt es bzw. entstehen in der virtuellen Lehre?

Kategorie 4: „Sinn"
- Wie sehr erfüllt Online-Lehre die Lehrenden mit Sinn – im Vergleich zum analogen Unterricht?
- Welche Aspekte der Online-Lehre generieren Sinn?

Die entstandenen verbalen Daten wurden in der Forschergruppe in drei Durchgängen (durch jeweils eine andere Person) analysiert. Die Memos – als wesentliche Vorarbeit der Grounded Theory – wurden in dieser Studie nach folgenden Standards abgefasst:

- Person 1: Der Interviewende erstellte zeitnah (im Zeitraum bis zu 2 Tage nach der Durchführung, in der Regel am darauffolgenden Tag) seine Gedanken zum Interview. Dabei lag die Transkription noch nicht vor.
- Person 2: Einer der Autoren (immer dieselbe Person) brachte seine Assoziationen (ausschließlich) nach dem Hören der Aufnahme zu Papier.
- Person 3: Der zweite Autor (immer dieselbe Person) erstellte seine Memos nach dem (ausschließlichen) Lesen des Transkriptes.

In der Folge entstanden Codes, die in der Analysesoftware MaxQDA (VERBI, 2021) verwaltet wurden. In den drei Analyseläufen wurden diese in paraphrasierten Memos zu Kategorien verdichtet. In einer letzten und abschließenden Phase der Theoriebildung wurden diese schließlich zu Konzepten zusammengefasst.

Im ersten großen Kapitel „Voraussetzungen" sind Beobachtungen und Schilderungen aus den Interviews zusammengetragen. Diese Deskription wird anschließend im Kapitel „Unterrichtsgeschehen" fokussiert. So entsteht in den ersten beiden Kapiteln ein methodisch-didaktischer Ist-Zustand der in der virtuellen Lehre angewandten Lehrkonzepte.

Die über die erarbeiteten – und dann besprochenen – Faktoren aufgebaute digitale Präsenz wird daraufhin in den folgenden Kapiteln behandelt: In den Kapiteln „Unterstützungsbedarfe und Lösungsansätze" sowie „Online-Coaching" wird eine Bedarfsanalyse – auf dieser Basis – vollzogen und die so generalisierten Erkenntnisse für das Format Online-Coaching im Kontext Online-Lehre generiert.

Der komplette Anhang wurde zugunsten der Lesefreundlichkeit und des Umfangs der Arbeit als Digitalanhang gestaltet. Auf diesen haben Sie elektronischen Zugriff über die Seite des Waxmann Verlags:
*www.waxmann.com/buch4389*

# I. Voraussetzungen

## 1. Technik als Basis: Vom Störfaktor zur Arbeitsgrundlage

„Ohne die Technik funktioniert nichts" [vgl. Kat. 25, Zit. 14, Interview 9]. Mit dieser These lässt sich die Basis digitaler Präsenz und Vermittlung markant beschreiben. Die technischen Grundlagen im physischen Klassenzimmer sind vergleichsweise schnell hergestellt und für eine Unterrichtsstunde präpariert. Gelegentlich kommt es vor, dass der Beamer ausfällt oder der Lichteinfall durch die Fenster das Bild auf der Projektionsfläche trübt. Kreide etc. hat der Lehrende in der Regel dabei. Insofern kann er sich hauptsächlich auf die Klassenführung, die methodisch-didaktischen und inhaltlichen Fragen des Unterrichtsgeschehens einlassen – und der Unterricht kann beginnen. Demgegenüber ist eine der ersten Erfahrungen im Online-Unterricht, „dass man sehr viel auch immer wieder technische Fragen klären muss, die einen dann davon abhalten, im Inhalt weiterzukommen" [Kat. 25, Zit. 6, Interview 3]. Es wurde in einigen der Studie zugrunde liegenden Interviews davon gesprochen, dass man den technischen Aspekt auch mit im Blick haben müsse, auch wenn man dies „nicht gleich am Anfang" gewollt habe [Kat 25, Zit. 7, Interview 3], zu Beginn also Skepsis bis Abwehr geherrscht habe, diese zusätzliche Arbeit zu leisten. Die Wahrnehmung dieses technischen Anspruchs ging bis hin zur Steigerung, dass die Technik mit Beginn des virtuellen Unterrichts ein Kampf gewesen sei [vgl. Kat. 25, Zit. 27, Interview 11].

Die „Herausforderung Technik" lässt sich, der qualitativen Erhebung zufolge, in die Bereiche a) Lernsystem, b) technischer Support c) technische Handhabung, d) didaktische Relevanz, e) mentaler Umgang und f) Kompensationsstrategien unterteilen. Im Einzelnen:

Das *(a) Lernsystem* ist grundsätzlich von der Institution vorgegeben. Lehrende empfinden dies als externe Vorgabe, z. B., dass man da „ja einmal umsteigen musste" [Kat. 25, Zit. 2, Interview 1]. Im Gegenzug wird eine *(b) technische Unterstützung* bei Bedarf von der Bildungseinrichtung erwartet, z. B. „weil ich bei der Umstellung auf das neue Betriebssystem Probleme hatte" [Kat. 25, Zit. 3, Interview 1]. Einzelne Lehrende leisten sich fachmännische Unterstützung (vgl. z. B.: „Das sind Sachen, die (…) lasse ich vom IT-Fachmann machen" [Kat. 25, Zit. 11, Interview 1]), auch aus dem Kreis der Familie, z. B.: „Zuhause rufe ich ganz häufig nach meinem Sohn und eines meiner Kinder, wenn ich irgendwelche technische Probleme habe, die die in der Regel das auch für mich lösen"

[Kat. 25, Zit. 12, Interview 4]. Als besonders belastend werden Phasen erfahren, in denen kein Verlass auf das Lernsystem war, z. B.: „Wir hatten dann dazwischen einmal eine diese Phase, wo das Adobe Connect überhaupt nicht funktioniert hat" [Kat. 25, Zit. 22, Interview 4]. Zur Einrichtung und steten Überwachung der eigenen technischen Lehr- und Lernvoraussetzungen kommt noch eine (gefühlte) Verantwortung für die technischen Ausgangsbedingungen bei den Lernenden hinzu. So berichtete eine Probandin von Lernenden, „die keine stabile Internetverbindung, (…) nicht mal ein Mikrofon haben (…) nicht in der Lage sind, sich technisch auszurüsten und zu entwickeln" [Kat. 25, Zit. 23, Interview 8]. Insbesondere der Einstieg in die virtuelle Lehre ist von einer Konzentration auf technische Fragestellungen geprägt, vgl. z. B.: „Zu Beginn – zwangsläufig, wie gesagt, erste virtuelle Lehrerfahrung – war ich viel mit der Technik beschäftigt" [Kat. 24, Zit. 19, Interview 9]. Die c) Handhabung der Technik korreliert grundsätzlich mit der wachsenden Erfahrung und wird entsprechend dieser sicherer. Das wird beispielhaft an diesem O-Ton deutlich: „(Das) liegt (…) daran, dass ich (…) nicht so viel Erfahrung habe" [vgl. Kat. 25, Zit. 21, Interview 11]. Hier gilt offenbar der (alte, vordigitale) Grundsatz: Übung macht den Meister.

Technische Einschränkungen beeinflussen auch immer das Unterrichtskonzept und haben daher unmittelbaren Einfluss auf die d) didaktische Relevanz. Diese oder jene Störung der Technik „bringt mich dann immer wieder ein bisschen aus dem Konzept", äußerte dazu eine Probandin [Kat. 25, Zit. 21, Interview 7] beispielhaft. Insbesondere in der Phase des virtuellen Onboardings verursachen diese technischen Einflussfaktoren einen nicht geringen Druck auf Lehrende: „Dann fliegt jemand raus aus der Sitzung. Dann muss man fragen, ob die W-LAN haben, also muss dann auch sozusagen die technischen Probleme, die möglicherweise auftreten können, im Kopf haben und dann auch Lösungen gleich anbieten" [Kat. 25, Zit. 9, Interview 3]. Das berührt die Frage nach dem e) mentalen Umgang mit diesen komplexen – und im Vergleich zum Unterricht im analogen Raum komplexeren – Herausforderungen sowie f) Kompensationsstrategien. Eine einfache, pragmatische Lösung kann es z. B. sein, „dass ich nicht alle Werkzeuge aus dem Werkzeugkoffer nehme", was aber – unter dem zeitlichen und psychischen Druck – erstmal reflektiert werden muss, um zur Feststellung zu kommen: „Das hat Gründe …" [Kat. 25, Zit. 1, Interview 1].

Eine interessante Spannung stellt die wahrgenommene Besonderheit zu Beginn einer Stunde und die – spätere – Feststellung einer „mitlaufenden" technischen Herausforderung dar. In O-Tönen: „Habe ich meine Kamera an? Habe ich mein Mikro an? Mir ist (es) schon passiert, dass ich eine schöne Begrüßung mir überlegt habe, die auch gesagt habe und dann war mein Mikro nicht an" [Kat. 25, Zit. 8, Interview 3]. Und später: „Ich lasse mehr zu und traue mich auch mehr.

Aber es ist immer noch so, dass ich das nicht vergesse, diese technischen Herausforderungen. Die sind immer präsent sozusagen. Die laufen mit" [ebd., Zit. 8]! Eine andere Probandin berichtete von Momenten, in denen sie bei Störungen bei der Hotline der Organisation „ganz panisch angerufen" hätte [Kat. 25, Zit. 13, Interview 4]. Hier ist interessant, dass die „sehr entspannt(e) Dame" am anderen Ende der Leitung einen sehr positiven Einfluss auf die Situation, das Anliegen und die Anspannung der Lehrenden hatte (Zitat ebd., vgl. ebd.).

Im Verhältnis zur Technik stellen sich zusammenfassend *zwei Extreme* heraus:

Einerseits die Einschätzung, die notwendige Digitaltechnik nicht selbst verantworten zu können und auf eine externe Expertise angewiesen zu sein, andererseits die Autonomie, die digitale Technik entsprechend den lehrpraktischen Bedürfnissen zu erweitern.

In beiden extremen Positionen variiert der Grad der Eigenverantwortung: Auf der einen Seite wird die notwendige Technik als etwas Externes oder gar Fremdes wahrgenommen, die auch organisatorisch von einer qualifizierten Person oder der Institution betreut wird. Auf der anderen Seite wird die Technik als Teil der eigenen Lehrkompetenz wahrgenommen.

Aus diesen polaren Überzeugungen ergibt sich ein Dilemma für Anbieter von Online-Lehre: Je autonomer und selbstständiger Lehrende ihr technisches Setting mit ihrer Lehrkompetenz weiterentwickeln, desto weniger Unterstützung benötigen diese Lehrenden. Umgekehrt erzeugt die Unterstützung durch den Anbieter keine langfristige Befähigung in technischer Hinsicht, da dieses einmal funktionierende Setting nicht mehr besonders verändert wird.

Bereits in der ersten Kategorie der technischen Voraussetzungen ergibt sich demnach ein generelles Coachinganliegen zur selbstständigen Weiterentwicklung von den verbundenen Technik- und Methodenkompetenzen.

Im Umgang mit der Digitaltechnik leiten wir ein in *Thesen* formuliertes *Zwischenfazit* mit ersten *Handlungsempfehlungen* ab:

- Die Technik macht Lehrenden insbesondere zu Beginn ihrer virtuellen Lehre zu schaffen, löst sich aber im Laufe der Zeit und wird durch eine *Vielzahl erlangter Handlungskompetenzen* kompensiert.
- Eine ebenfalls entscheidende Phase ist der *Einstieg in die Unterrichtsstunde*. Hier hat es sich als erfolgreich erwiesen, direkt mit einem interaktiven Teil (z. B. über einen Impuls) zu starten, um ein „Framing" des Unterrichtsgeschehens zu setzen.
- Zur Verantwortung für den eigenen reibungsfreien technischen Ablauf gesellt sich zusätzlich die Sorge um die Technik der Lernenden. Diesen Bedenken konstruktiv zu begegnen, ist wiederum ein Anliegen für das Coaching.

Neben der technischen Unterstützung hat es sich als zielführend gezeigt, wenn die entsprechenden Mitarbeitenden *Ruhe und Gelassenheit* vermitteln (können). Dies wirkt sich unmittelbar auf die Lehrenden und ihre vermittelte Lehr-Lernatmosphäre aus.

- Ein starker Fokus auf technische Störungen, insbesondere beim *Onboarding* in die Online-Lehre, lässt bei Lehrenden das Gefühl aufkommen, buchstäblich „aus dem Konzept" zu fallen.
- Die virtuelle Lehre ist von einer besonderen *Mehrperspektivität* in der Belastung gekennzeichnet. Diese beginnt bei und mit der Technik.
- Der *technische Support* nimmt nicht selten die (ganze) Familie mit in Beschlag, wenn etwas (spontan) zu regeln ist – und dies zudem oft spontan und unvorbereitet. Diese Mehrdimensionalität stellen fast alle Einsteiger*innen in den Online-Unterricht fest.
- Eine *Hotline* der Lernorganisation hat sich als Entlastung herausgestellt. Nicht selten sind die ersten Störungen leicht behoben, weil sie nur der Spiegelung bedürfen.
- Das Handling der Technik wird – auch und insbesondere von älteren Lehrenden – relativ schnell gelernt. *Kompensationsstrategien* unterstützen dies. Reflexion über diese speziellen Bedingungen, den mentalen Umfang damit und die Veränderung für die Lehre bedingt einen – nach und nach – gelassene(re)n Umgang mit der Technik.
- Diese These lässt sich ebenso auf potenzielle Störungen übertragen. Ebenso wie die Technik selbst werden diese als jederzeit möglich begriffen und angenommen. Diese *Erkenntnis verändert die Haltung* gegenüber dem Lernsystem.

In den Nennungen zur offenen Frage von Herausforderungen werden in ausnahmslos allen Gesprächen technische Herausforderungen genannt. Allein daraus ist zu folgern, dass die Kolleginnen und Kollegen die Situation der live-online-Lehre und die darin herzustellende Präsenz als Lehrpersonen als zentrale Herausforderung sehen.

In der Darstellung dieser Aufgabe wird an dieser Stelle vernachlässigt, dass die didaktische Herausforderung auf der Makroebene gleichermaßen spezifisch ist. Darauf wird jedoch wenig Aufmerksamkeit gerichtet. Das ist darin begründet, dass die Befragten ihre bisherigen Erfahrungen aus ihrem analogen Unterricht implizit übernehmen. Diesem lehrpraktischen Transfer widmet sich die Kategorie „Lehrerfahrung".

## 2. Lehrerfahrung: Online-Lehre als Erweiterung der Erfahrungen aus dem analogen Unterricht

„Ich habe vor fünf Jahren angefangen" [Kat. 31, Zit. 1, Interview 1] und: „Ansonsten habe ich Lehrerfahrung zwanzig Jahre" [ebd., Zit. 2] – schon diese zwei Sätze zu Beginn der qualitativen Umfrage zeigen die Bandbreite der Kategorie Lehrerfahrung an. Da existiert zwar jahrzehntelange Erfahrung, derer man sich auch bewusst ist (im Fall dieses Probanden an mehreren Hochschulen wie zudem in der Erwachsenenbildung, vgl. ebd.), es herrscht aber auch das Bewusstsein vor, dass mit der Online-Lehre Neuland betreten wird und dass „diese Erfahrung (…) natürlich teilweise nicht eins zu eins in das Virtuelle übertragen" [ebd., Zit. 1] werden kann. Auffällig an diesem Beispiel ist die Formulierung „teilweise nicht eins zu eins": Der Proband reflektiert dies später so: „Ich muss ja praktisch bloß umschalten: Wie setze ich das jetzt virtuell um?" [ebd.].

Auffällig ist, dass der Umstieg vom analogen Unterricht auf die virtuelle bzw. Online-Lehre (diese beiden Attribute benutzen wir in diesem Buch synonym) zuerst einmal extrinsisch motiviert erfolgte. In aller Deutlichkeit z. B. so formuliert: „Ich bin dann praktisch (…) dazu gezwungen worden" [Kat. 28, Zit. 1, Interview 1]. Das war vor dem März 2020 bereits im erhöhten Bedarf an Online-Lehrenden begründet. Ab der Jahresmitte 2020 „kamen diese Zeiten mit dem Lockdown, wo dann plötzlich virtueller Unterricht erteilt" [Kat. 28, Zit. 14, Interview 11] werden musste. Relevant dabei ist, dass keiner der *innen sich aktiv für diese Form der Lehre interessiert hatte.

„Ich glaube, dass es insgesamt eine Rolle spielt, ob man Lehrerfahrung hat oder ob man tatsächlich überhaupt gar keine Lehrerfahrung hat und praktisch sofort anfangen muss" [Kat. 31, Zit. 3, Interview 1], fiel als Antwort auf die Relevanz der eigenen Vorerfahrung in Lehre und Unterricht an anderer Stelle. Diese Einschätzung ging bis zu der Skepsis, dass es „schwierig" wird, „wenn man diese Vorerfahrung aus Präsenzveranstaltungen nicht hat" [Kat. 31, Zit. 1, Interview 1]. Und so kann es kaum wundern, dass alle hier im hochschulischen Kontext Befragten vorab Erfahrungen in welcher Weise auch immer – z. B. mehrere Semester als studentische Mitarbeiterin im Studium und später in diversen Organisationen mit verschiedenen Online-Systemen [vgl. Kat. 31., Zit. 5, Interview 2] oder klassisch als Lehrerin seit 25 Jahren „in einem echten Klassenzimmer" [Kat. 31, Zit. 14, Interview 7] – gesammelt hatten.

Lehrende, die aus beruflichen Bereichen kommen, in denen Online-Formate seit Jahren im Einsatz waren bzw. sind, schilderten den Einstieg in die Lernplattform als relativ gelassen. Denn wo im „normalen Projektgeschäft viel auch an (…) Diskussionsformaten und (…) mit ähnlichen Instrumenten gemacht" werde und jetzt eben „auch mit Zoom wie wir jetzt, oder mit der Adobe Connect, oder ähnlichen Systemen „ [Kat. 31, Zit. 20, Interview 2], erscheint es nicht verwunderlich, dass Lehrende sich mit dem Einstieg in die Lehre direkt auf den Online-Unterricht einlassen, was dann auch ebenso klar geäußert wird: „Also ich mache eigentlich nur virtuelle Lehrveranstaltungen" [ebd., Zit. 19].

Die Frage (der qualitativen Umfrage) nach der Lehrerfahrung wurde in dieser Offenheit von allen Proband*innen auch gespiegelt. Beispielhaft: „Also, ich habe zuvor durchaus Seminare geleitet, Seminare vorbereitet und durchgeführt, Lehre durchgeführt an unterschiedlichen Hochschulen, Hochschulen an öffentlich-rechtlichen Organisationen" [Kat. 31, Zit. 9, Interview 9]. Darin zeigt sich das (Selbst-)Bewusstsein, dass für eine Lehre in Zeiten von Online-Formaten mehr erforderlich ist als eine (eventuelle) klassische Lehrenden*ausbildung. Diese Haltung korreliert mit der Lehrerfahrung, dass diese Bereiche in der eigenen Fernlehr-Erfahrung auch wesentlich und wirksam geworden sind. Am Beispiel „3D-Learning Space" wird dies besonders anschaulich: „Ich bin mit der virtuellen Lehre zum ersten Mal in 2018 in Berührung gekommen durch (…), der mich (mit) Tanzunterricht beauftragt hat (…) Und das war eine phantastische, ein ganz, ganz fortgeschrittener virtueller Raum oder virtuelles Programm (…) dieses 3D-Learning Space" [Kat. 31, Zit. 21, Interview 11]. An diesem Beispiel ist u. a. die geringe Zeit der Vorerfahrung auffällig, wenn man diese mit der klassischen Lehrer*innenausbildung und -weiterbildung vergleicht. Diese starke positive Erfahrung genügte der Probandin, sich für Online-Lehre zu erwärmen. Alles Weitere kam im – reflektierten und begleiteten – „Learning by Doing" dazu.

Ein entscheidender Aspekt, der aus der Vorerfahrung im analogen Unterricht in die Online-Lehre übernommen wird, ist der Einsatz an investierter Zeit. Dies wurde beispielhaft am Verhältnis aus Vorbereitung und Durchführung des Unterrichts deutlich, der als „entscheidender Punkt" formuliert wurde: (die) Zeit der Vorbereitung muss in Relation (…) bleiben. Und es wird für mich erst spannend, wenn ich das gleiche Modul drei- oder viermal unterrichtet habe. Und dann werde ich auch besser darin" [Kat. 31, Zit. 15, Interview 7]. An dieser Beschreibung ist festzumachen, dass die Online-Lehre aufgrund ihrer höheren Vorbereitungszeit für erfahrene Lehrende auch erst nach diesen „drei oder vier" Wiederholungen [ebd.] lukrativ wird. Der Aspekt der Effizienz taucht auch in anderen Kategorien auf – der Transfer der lehrpraktischen Erfahrung aus dem analogen Unterricht ist demnach einem ökonomischen Kalkül unterworfen: Je schneller die Vorerfahrung und der Duktus aus dem analogen Kontext im virtuellen Format vollzogen ist, desto attraktiver werden die Vorteile der wegfallenden Reisezeiten und damit die Effizienz. Dieser Transfer spielt sich weniger in der didaktischen Konzeption ab, sondern in der methodischen Umsetzung der

„digitalen Präsenz". Daran kann allerdings erst dann gearbeitet werden, wenn die im vorangegangenen Kapitel thematisierten technischen Herausforderungen gemeistert wurden. Zur Zeit der Auswertung dieser Studie sehen wir im Blick auf das deutsche Schulwesen hier die aktuell größten Schwierigkeiten.

(Erst) Wenn das technische Setting arbeitsfähig ist, wird das Defizit der Präsenz bearbeitet und adaptiert. Die Befragten waren sich „am Anfang nicht sicher, ob es (…) zu rechtfertigen ist, weil der reale Kontakt qualitativ anders" [Kat. 26, Zit. 16, Interview 8] sei. Vor diesem Ausgangspunkt wird deutlich, dass Zweck der Optimierung ein besserer Kontakt zu den Lernenden ist. Hier ist die technische Ebene lediglich die Voraussetzung für eine methodische und damit konzeptionelle Entwicklung.

Bezüglich der Lehrerfahrung lassen sich folgende *Thesen* als *Zwischenfazit* und erste *Handlungsempfehlungen* ableiten:

- Das Wissen um eine *analoge Vorerfahrung in Lehre und Unterricht* wirkt sich durchgängig als Stabilisator und Motivator aus, den „Sprung" ins kalte virtuelle „Wasser" zu wagen.

- Der Besitz an Lehrerfahrung geht immer auch einher mit einer (ausgeprägten) *Reflexionsfähigkeit* dieser Vorerfahrung. Ihre Bewusstmachung scheint eine Art mentale Vorbereitung und Befähigung darzustellen.

- Kein/e Lehrende/r macht (nach der vorliegenden Untersuchung) den *Schritt in die Online-Lehre* ohne eine grundständige Vorerfahrung. In aller Regel ist diese im Kontext Hochschule auch nicht die klassische Lehrer*innenlaufbahn. Damit gibt es für die Online-Lehre keine spezifische oder gar systematische Ausbildung – abgesehen von den hier beforschten Weiterbildungsformaten in der Dimension weniger Monate.

- Damit ist auch festzuhalten, dass es momentan jene Generation an Lehrenden ist, die (nur) auf der Basis analoger Vorerfahrungen in die Online-Lehre wechseln. Demnach gibt es kaum Lehrende, die auf der Basis einer eigenen Lernerfahrung in digitalen Lernwelten in die Lehre wechseln. Diese Generation von Lehrpraktiker*innen steht für die empirische Betrachtung also noch aus. Der Vergleich beider Gruppen – v. a. unter der Frage nach der größeren Bereitschaft zu *Experimentierfähigkeit* – wird höchstwahrscheinlich sehr spannend ausfallen.

- Im Gegensatz zum schulischen Bereich (wo dieser Umstieg krisenbedingt erfolgt ist) steigen virtuell Lehrende an Hochschulen mit einer grundsätzlichen Freiwilligkeit und „Lust" in die Online-Lehre ein. Gleichwohl ist festzustellen, dass der *erste Impuls* in aller Regel institutionell-extrinsisch ist.

- Neben der eigenen (reflektierten) Vorerfahrung sichert Lehrenden das Bewusstsein des ständigen Weiterlernens den Erfolg im Online-Unterricht.

Dieses Interesse an der Lehre entsteht stets aus einem intrinsischen Impetus, betriebliche Erfahrungen für die akademische Weitergabe zur Fügung zu stellen. Dies entspricht der Grundidee der Fachhochschule, die eine wissenschaftlich fundierte Berufspraxis im Sinn hat. Diese *systemische Ambition* taucht als Raumkonzept zwischen Anwendung und ihrer Theorie auch in weiteren Kategorien auf.

- Gerade dann, wenn die Lehrerfahrung nicht (z. B. durch eine traditionelle Lehrer*innenausbildung mit Staatsexamen und Vorbereitungsdienst) definiert ist, eröffnen sich oft ungeahnte, exotische Bereiche, wie z. B. 3D-Learning Space [vgl. Kat 31, Zit. 11] als Vorerfahrungen für den Online-Unterricht. Da oft andere, klassische Konzepte diesen nicht „im Wege" stehen, kann sich diese *Kreativität und Originalität* – als berufspraktisches Lernmodell – auch auf den eigenen Online-Unterricht übertragen.

- Lehrende, die in ganz verschiedenen Bereichen ihre *Vorerfahrungen* mit virtuellen Konferenzen, Systemen, Schulungen und verschiedenen Lernformaten gesammelt haben, verfügen über eine *höhere intrinsische Motivation,* bei der Anfrage zur Lehre im virtuellen Raum in die Online-Lehre einzusteigen. Diese Beobachtung deckt sich mit Ergebnissen in: Rietzschel/Nijstad/Stroebe, 2007.

- Neben der o. g. Reflexionsfähigkeit liegt dies (thesenhaft formuliert) am Wissen um immer (in welchem System auch immer) mögliche technische Störpotenziale und die Relativität des Systems. Im *begleitenden kollegialen Coaching* konnte diese These mit der Beobachtung untermauert werden, dass sich seit mehreren Jahren Lehrende im Online-Unterricht sehr leicht für neue Lernformate und Apps motivieren lassen.

- Neben dem methodisch-didaktischen Know-how gehört diese Haltung daher zum pädagogischen Repertoire der online Lehrenden dazu. Sie sichert Lehrerfahrung und schreibt sie gleichermaßen fort. *Persönliche* Weiterentwicklung und *Transformation* wird so – angemessen im Coaching begleitet – erfahrbar und selbstverständlich. Und sichert wiederum die Qualität des Unterrichts.

## 3. Ambitionen für die Online-Lehre: Motivationen und Wertvorstellungen

Motivation wird als eine Kombination aus Motiv (von „innen" kommend) und Anreiz (kommt von „außen") definiert (vgl. Heckhausen/Heckhausen, 2018). Diese beiden Seiten zeigen auch die Gespräche in dieser Untersuchung. In diesem Kapitel entfalten wir zunächst das innere Motiv der Nähe, das zum Aufbau einer Lehr-Lern-Beziehung notwendig ist. Danach beleuchten wir den fachlichen und strukturellen Anreiz zur anwendungsorientierten Online-Lehre.

„Neugierig zu sein" [Kat. 5, Zit. 2, Interview 3] und es als Lehrkraft auch zu bleiben, darin liegt eine wesentliche Grundmotivation für die innere Motivation zur Online-Lehre. Dazu sei „eine gewisse Offenheit (…) dem zu vermittelnden Inhalt gegenüber (…) Neugier und Offenheit dem Inhalt gegenüber" [ebd., Zit. 1] erforderlich. In dieser knappen Rückmeldung einer Probandin mittleren Alters ist bereits viel eingefangen. Doch genügt eine grundlegende Neugier für einen „Riesenparadigmenwechsel", wie es eine andere Kollegin beschreibt: „Ich war (…) wirklich 25 Jahre (…) Lehrerin mit absoluter Begeisterung, absolute Überzeugung (…). Und da kam ein Riesenparadigmenwechsel, wo ich schon nicht mehr ganz so jung war [Kat. 5, Zit. 6, Interview 11]. Wenn der Umstieg derart fundamental erlebt wird, stellt sich die Frage nach der Motivation dafür umso mehr. Im Grunde aber hängt diese mit der Motivation für das Lehrer*innen-Sein schlechthin zusammen: „Ich glaube, dass es einfach Menschen gibt, die unglaublichen Spaß haben daran, Inhalte zu vermitteln (…) und das ist vielleicht einfach ein Persönlichkeitsmerkmal" [Kat. 24, Zit. 8, Interview 5]. Dass die Frage nach der Ambition „mit der individuellen Motivation zusammen" [Kat. 24, Zit. 10, Interview 8] hänge, bestätigten die meisten Probanden und Probandinnnen: „weil ich einfach per se unglaublich gerne lehre und weil ich das wirklich mit viel, viel Freude tue" [Kat. 24, Zit. 7, Interview 5]. In diesem Zusammenhang ist die Begleitung von Veränderungsprozessen eine häufig genannte Ambition zur Online-Lehre. Diese Ambition wird einerseits biografisch gesehen und andererseits fachwissenschaftlich. Hier ist das Interesse der authentische Kontakt, der gegen eine nur schematische und künstliche Interaktion abgegrenzt wird: Es komme darauf an, dass es ein „Gespräch gibt. Nicht nur so ein schematisches Gespräch, dass ich etwas frage und dann kommt (…) eine Antwort. Sondern, dass die auch untereinander gesprochen haben. Und dass wir wirklich aufeinander eingegangen sind, dass die Interaktion da war" [Kat. 18, Zit. 11, Interview 3]. Damit gehe es auch um „dieses Wahrnehmen können – Menschen wahrnehmen können über Bild und Stimme oder einmal über einen Chat" [Kat. 18, Zit. 18, Interview 4]. In beiden Äußerungen wird deutlich, dass idealerweise über die technische, digitalisierte Vermittlung eine Lehr-Lern-Beziehung hergestellt wird.

Auffallend ist, dass in dieser Ambition nicht mehr die Technik als hinderlicher Faktor benannt wird, sondern die Lehrenden arbeiten mit den Signalen, die ankommen: „Wenn mir als Dozent was auffällt, also, dass einer (…) zögert oder die Augenbrauen hochzieht (…), dann spreche ich das an" [Kat. 18, Zit. 28, Interview 6]. Hier ist folglich die Ambition des Beziehungsaufbaus wirkmächtiger als eventuelle technische Hindernisse.

Hier fällt das (positive) Wort „Bindung": Die Vorlesung solle „den Austausch und die Bindung mehr fördern" [Kat. 18, Zit. 46, Interview 9; Position: 48–48]. Die Bindung anzubahnen und online aufzubauen, sieht die Probandin als ihre Aufgabe und als ihren eigenen Anspruch an. Besonders diese Reflexion verweist auf eine entsprechende Entwicklung innerhalb der Online-Lehre: Ohne diese vertrauensvolle Verbundenheit sind die Qualität und die Sinnhaftigkeit der Lehre in Frage gestellt. Obgleich die Proband*innen eine gewisse Brüchigkeit in der technischen Verbundenheit und den organisatorischen Kontakt bemängeln, geht es in einer gelingenden Online-Lehre um eine zukunftsgerichtete Beziehungsdidaktik über den Erkenntnisprozess: „Wenn ich heute den Studierenden Vertrauen entgegenbringe, dann erhalte ich was zurück" [ebd.]. Was zurückkommt, ist die intellektuelle Entwicklung, an der sich die Lehrenden erfreuen – was auf diesem Umweg eine Sinnerfahrung generiert.

Beschreibt die erste, biographische Interpretation stärker den pädagogischen Aspekt der Online-Lehre, so zeigt die fachwissenschaftliche Vermittlungsabsicht den Wunsch, Erkenntnisse aus der eigenen Berufsbiographie und die damit verbundene fachliche Expertise weiterzugeben. Einige Beispiele aus der Empirie können dies veranschaulichen:

- Online-Lehre sei ein entdeckendes, *kooperatives Konstruieren von Bedeutung*, ohne dass die Lehrendenrolle dabei eine herausragende Stellung genießen sollte. Lehrende sehen einen übergeordneten Sinn darin, über die fachwissenschaftliche Vermittlung auf gesellschaftliche Prozesse Einfluss zu nehmen. Insofern multiplizieren sie ihre Lehre in den individuellen Entwicklungen der Lernenden. Direkt wird diese erfahrbar, wenn sich einzelne Lernenden fachlich und menschlich entwickeln und diese Entwicklung in Abschlussarbeiten nachvollziehbar wird.
- Sobald das Fachliche und das Technische der Online-Lehre in eine Routine übergegangen sind, entsteht über die visuelle Beziehung über die Kamerabilder ein Gefühl für die Gruppe und deren Lebens- und Arbeitswelten. So entwickle sich dann ein *Wissenstransfer*, der wie auch im Beispiel davor *stärker vom Austausch der Gruppe* und weniger vom Input der Lehrenden abhängt. In diesem Befund zeigt sich, dass das Erreichen einer höheren taxonomischen Stufe von den Sozialprozessen abhängt und deren Voraussetzung ein kompetenter Umgang der Lehrenden ist. Es wird deutlich, dass ein konstruktiver epistemischer Dialog der Kern eines gelingenden virtuellen Unterrichts ist.
- Reizvoll finden die Lehrenden das Zusammenfließen von thematischen Bereichen im Unterricht (etwa die berufspraktische und die fachwissenschaftliche Perspektive). Auch in anderen Gesprächen wird diese als besondere

Leistung hervorgehoben. Hier würde es möglich, die heterogene Gruppe der erwachsenen Lernenden aus Sicht der Theoriebildung fruchtbar zu machen: Indem diese ihre Perspektiven im virtuellen Raum des Unterrichts zusammenbringen und sich dort ein *induktiv erschlossenes Konzept der Berufspraxis* ergibt. Es ist anzunehmen, dass Lehrende wie Lernende eine solche Unterrichtssituation als sinnstiftend und damit als bedeutsam erfahren.

Es dürfte nicht typisch für Online-Lehre sein, sondern ein generelles Charakteristikum für die Lehre auf (Hoch-)Schulebene: Die Lehrenden leitet die Ambition, eigene fachliche Praxis mit der Theorie abzugleichen und diese gleichzeitig in den Raum der Lernenden zu tragen. Dabei spielt das Unterrichtsgespräch und die damit verbundene epistemische Idee der diskursiven Wissensgenerierung eine zentrale Rolle. Diese erweist sich erstaunlich störungsresistent. Dies ist dadurch zu erklären, dass die Lehrenden mit den kommunikativen Signalen (minimale Gestik, brüchige Tonqualität, langwierige Gruppenarbeiten, etc.) zu arbeiten gelernt haben. Die Lehrenden arbeiten mit den Signalen, die in der Unterrichtssituation tatsächlich ankommen. Über die Zugewandtheit gegenüber den Personen und ihre inhaltliche Aneignung dieser Theorien im praktischen Tun wird es so gut möglich, ein effizientes Lerncoaching des Entwicklungsprozesses zu leisten.

## 4.  Hierarchie: Sargnagel für pädagogische Freiheit und vertrauliches Coaching?

Die Lehre im akademischen Betrieb und der Unterricht im Kontext Schule leben vom selben Prinzip: der pädagogischen Freiheit. Anders als das analoge Klassenzimmer, das über die physische Tür geöffnet und (von innen) geschlossen werden kann, ist die Freiheit der Lehre im virtuellen Klassenzimmer weniger an den eigenen, „abgeschlossenen" Raum gebunden. Eine Junglehrerin, die „endlich die Strapazen des Referendariats" hinter sich hatte, war sehr froh darüber, dass jetzt „nicht ständig weiterhin noch jemand zu mir kommt" (O-Ton, Kontext Coaching). In dieser Bemerkung liegt der Wunsch, sich gemeinsam mit den Schüler*innen nun erstmal selber weiterentwickeln zu können. Auch, dass sich am Ende des Schuljahres ihre Schulleiterin zu einem Unterrichtsbesuch bei ihr anmelden „musste", verstärkte bei ihr die Wahrnehmung: „Das ist jetzt einfach mein Raum, meine Klasse. Und wenn ich die Tür zu mache, mache ich mein Ding. Da kann mir keiner mehr was" (ebd.). Im Vergleich zu anderen Arbeitsbereichen ist der Schul- und Hochschulbetrieb damit von einer (zumindest relativ) „flachen" Hierarchie geprägt – was wichtig ist, um sich pädagogisch ganz entfalten zu können und nicht dauerhaft Fremderwartungen (wie in einer Lehrprobe o. g. Junglehrerin) gerecht zu werden. Die zugesagte innere pädagogische Freiheit spiegelt sich daher in aller Regel (es mag Ausnahmen geben) auch in der Führungs- und Teamkultur wider.

Vor diesem milieuspezifischen Hintergrund wird es (nur) erklärbar, wenn zur Frage nach den optimalen Rahmenbedingungen für ein kollegiales Coaching im Kontext Unterstützung der Online-Lehre geäußert wird: „Also Lehrer und Lehrerinnen, wenn denen gesagt wird: ‚Ja, wir bieten für euch mal organisiert einen Austausch an. Ihr lernt dann voneinander‘, hat immer einen Beschämungsaspekt" [Kat. 14, Zit. 5, Interview 9]. Das Phänomen wird vom Probanden als „organisationstypisch" [ebd.] eingestuft. Diese Wahrnehmung wird in der qualitativen Befragung geteilt: Erst, „wenn es gelingt, diese Einbindung in Hierarchie oder in Abhängigkeiten auszublenden" [Kat. 14, Zit. 2, Interview 3], sei die Begleitung auf kollegialer Augenhöhe möglich, bestätigt eine weitere Probandin. Coaching müsse diesen kollegialen Aspekt unbedingt aufweisen, bestätigt (unabhängig von beiden Aussagen) eine dritte Probandin: „Und kollegial ist für mich auch immer noch auf einer Augenhöhe. Also, die Formulierung, wie man miteinander umgeht, finde ich auch ganz wichtig" [Kat. 14, Zit. 4, Interview 7].

Wenn „von der (Organisation) jemand leitet, dann sind das ja auch unsere Arbeitgeber. Das ist dann nicht so hierarchiefrei" [Kat. 14, Zit. 1, Interview 3]. – Mit diesem lapidaren Satz wird die grundsätzliche Spannung zwischen Lehrauftrag und Begleitung der Lehre angezeigt. Die erste Beobachtung schließt die Erwartungen an einen guten Unterricht – auf dem Fundament der oben thematisierten pädagogischen (und inhaltlichen) Freiheit – ein. Bedarf an evtl. Optimierungen aus Sicht des Dienst- oder Arbeitgebers wären ebenso als Erwartungen auszusprechen. An diesem Punkt unterscheiden sich die Möglichkeiten, Stile und Häuser, so dass viele Lehrende ihre eigenen Vorerfahrungen mitbringen. Die Botschaft des Satzes dieser Probandin lässt sich so interpretieren: Coachingangebote, um die eigene Lehre zu optimieren, sollten nicht vom eigenen Arbeitgeber kommen. Falls doch, besteht die Gefahr innerer Blockaden. Unmittelbar folgend wird von derselben Probandin geäußert: „Manchmal ist man ja auch als Kolleg*in (ein/e) Konkurrent*in (…) Das, finde ich, kann man nicht so ganz ausklammern" [ebd.]. Hierin besteht die Spannung im Verhältnis zwischen internem und externem Coaching. Im Fall, dass sich Coachende und Coachees nicht „auch in dem gleichen Thema tummeln" – also keine Fachkolleg*innen sind –, seien sie „sozusagen nicht mehr Konkurrenten (…) Sie sind alle auf der gleichen Augenhöhe", pflichtet eine andere Probandin (unabhängig von den o. g. Aussagen bzw. um diese nicht wissend) [Kat. 14, Zit. 3, Interview 3] bei.

Die Rückmeldungen zum Punkt Hierarchie geben – für die Entwicklung Formen kollegialen Coachings – den eindeutigen Auftrag mit, dass es als Lernerfahrung zu vermeiden ist, was ein Proband hier so verinnerlicht hat: „Das hat immer etwas mit einer Beschämung zu tun, wenn Kolleginnen und Kollegen mir sagen, was ich besser machen könnte" [Kat. 14, Zit. 6, Interview 9].

Bezüglich der „Hierarchieproblematik" lassen sich folgende *Thesen* als *Zwischenfazit* und erste *Handlungsempfehlungen* festhalten:

# Der mittlerweile zum „Wolkenbegriff" mutierte Terminus *Coaching* muss, wenn sich Begleitung von Lehr- und Lernprozessen Coaching nennt, *professionell(er)* bestimmt werden.

# Zugleich braucht Coaching ein Format, das der *Team- und Führungskultur* einer (Lehr-)Organisation angemessen ist. Dieses Format muss transparent gemacht werden, was die Rollen der Coachenden miteinschließt.

# Coaching kann zwar von der Organisation als Format der Weiterbildung gewollt und implementiert werden. Es ist für die geforderte „kollegiale Augenhöhe" aber wichtig und wesentlich, dass *ethische Standards* erarbeitet werden, transparent sind und selbstverständlich (auch im Nachgang) beachtet werden. Hier gilt als erstes das Prinzip der Verschwiegenheit.

# Die Frage, ob externes oder internes Coaching für eine (Lehr-)Organisation das geeignete Format ist, kann diese jeweils nur selbst entscheiden. Aufgrund der hier (in der quantitativen Erhebung) gemachten Rückmeldungen zum hohen Maß – mit 61,4 % – an kollegialer Unterstützung, die in der Regel fachübergreifend war, sprechen wir uns für *nicht fachspezifisches Coaching* aus. Interdisziplinäres Vorgehen sichert eine möglichst breite Perspektive auf das jeweilige Anliegen.

# Die auffällig hohe Bereitschaft zur kollegialen Unterstützung bei bislang unbekannten Kolleginnen und Kollegen, wie sie die quantitative Umfrage zeigt, verweist auf die *Chance zu externen Coachingformaten*. Diese hätten den Vorteil, dass sich keine Rollenkonflikte ergeben und die Vertraulichkeit höher sowie die eventuelle Scheu, seine Anliegen „auf den Tisch zu legen", geringer ist.

In der Wahrnehmung der Proband*innen ergibt sich allein durch die Mitgliedschaft in der gleichen Organisation eine Befangenheit. Diese wirkt sich in der Wahrnehmung bisweilen so problematisch aus, dass für einige Kolleg*innen der Begriff des „kollegialen Coachings" grundsätzlich zu hinterfragen ist. Es braucht also konzeptionelle Optimierungen, die in diesen Rollenkonflikt konstruktiv einwirken. Einige Optimierungsideen folgen im Anschluss:

\# Analog zum systemisch-lösungsorientierten Coaching sollte Coaching immer von den *Anliegen der Coachees* ausgehen. Wird ein Coachingformat auf dieser Basis aufgebaut (und konsequent durchgehalten), zeigt sich am ehesten der Effekt, dass ein solches Format von den Lehrenden selbst ausgeht. Die Frage der Hierarchie rückt dann in den Hintergrund.

\# Bei bleibenden Bedenken in diese Richtung raten wir zu *1:1-Verpflichtungen*, um sogenannte „Dreiecksverträge" (implizit denkbar wäre, dass ein/e Schulleiter*in eine/n Lehrende/n ins Coaching „schickt" und später von den Coachenden eine Rückmeldung erwartet) von vornherein auszuschließen.

\# Die Gruppengröße ist ein Faktor, der ebenfalls thematisiert werden muss. Sicher ist das Ideal ein 1:1-Coaching. Eine maximale *Gruppengröße von 6 Kolleg\*innen* sollte dabei einen Kompromiss der hier erarbeiteten Qualitätskriterien darstellen.

\# Inwiefern Coachingangebote wirklich und spürbar „kollegial" sind, hängt letztlich von den (verinnerlichten und gelebten) Haltungen der Coachenden ab. Diese sind nur bedingt trainierbar. Zu ihnen zählen v.a. die Kunst des *aktiven Zuhörens* und eine gewisse *Askese* im (zu) schnellen Beurteilen, Werten und Rat geben. Hier sollte, neben regelmäßigen organisatorischen Gesprächen, eine *Supervision* der Coaches verstetigt werden.

## 5. Institutionelle Rollen: Veränderungen im Format und ihre (notwendige) Reflexion

Es lässt sich bisher feststellen, dass nach der Überwindung der krisengebeutelten Einstiegsphase in die Online-Lehre und der anfänglichen Frustrationen über technische Störungen und diverse Unzufriedenheiten insbesondere die Vorteile der Online-Lehre geschätzt werden und als Treiber dienen: „Ein ganz, ganz großer Vorteil hat sich jetzt gezeigt während Corona, dass in Krisenzeiten virtuelle Lehre denkbar ist" [Kat. 29, Zit. 6, Interview 4].

Bei Change Prozessen in Organisationen kann beobachtet werden, dass Veränderungen in den bisherigen Formaten der Zusammenarbeit immer auch die Frage nach den Rollen in der Institution und damit nach den Aufgaben und Zuständigkeiten der jeweiligen Akteur*innen mit sich bringt. Es darf als Prämisse angenommen werden, dass der Lehrberuf bei allen Lehrenden vom direkten sozialen Kontakt motiviert sein dürfte und der Online-Unterricht damit zunächst als pandemiebedingte „Notlösung" gelten darf. Einiges davon lässt sich vorab auf dem „Reißbrett" planen, vieles entsteht erst im Prozess. In der Prozesshaftigkeit verändert sich dann nicht nur Unterricht, sondern auch Haltungen. Da die allermeisten Schulen in Deutschland kein Konzept für den Online-Unterricht entwickelt hatten, bevor dieser – notgedrungen – aus der Taufe gehoben wurde (und manche nach Angabe der dort Lehrenden auch nicht aktuell), konnten die institutionellen Rollen und die damit verbundenen Zuständigkeiten vorab auch nicht reflektiert werden. Umso wichtiger ist der Blick darauf, wie diese Frage bei Bildungseinrichtungen, die dezidiert Online-Lehre anbieten, von Lehrenden beantwortet wird.

In der Empirie dieser Studie wurde ihm Gesprächseinstieg die Technik (siehe Kapitel 1. „Technik als Basis: Vom Störfaktor zum Mitläufer") thematisiert. In diesen Äußerungen wird deutlich, wie sehr die Unterstützung im Hintergrund durch die Institution geschätzt wird: „(…) Plötzlich ging mein Mikrofon nicht, dann habe ich ganz panisch angerufen bei der (Organisation) am Samstagvormittag und habe gesagt, ja, es geht nicht. Es funktioniert nicht. Und dann hat die Dame sehr entspannt mir mitgeteilt, stecken Sie doch einmal erst den Kopfhörer ein und gehen Sie dann noch einmal hinein in das Programm, ja, und das war die Lösung" [Kat. 25, Zit. 13, Interview 4]. In solchen Erlebnissen wird die Gebundenheit an die Institution als hilfreich wahrgenommen.

Gerade in der Einstiegsphase der Online-Lehre ist das Bewusstsein der Technik als etwas nicht zum Kernbestand der Lehrer*innen Gehörendes vorrangig. So nimmt eine Probandin die notwendige Technik als etwas Externes und bisweilen auch Lästiges war: „Man muss immer wieder technische Fragen klären, die einen dann davon abhalten, im Inhalt weiterzukommen" [Kat. 25, Zit. 6, Interview 3]. Darüber hinaus zeigt sich sogar der Wunsch, diese ‚lästigen' Technikfragen an Dritte zu delegieren: „Das sind Sachen, die mache ich nicht, das lasse ich vom IT-Fachmann machen" [Kat. 25, Zit. 2, Interview 1].

So lässt sich sagen, dass im Einstieg eine hohe Identifikation mit den thematischen Inhalten der Lehre besteht, in den meisten Fällen jedoch keine einsichtige Identifikation mit der dazu notwendigen Technik. Das bedeutet im Umkehrschluss, dass die Bildungsinstitution für die neuen Kolleginnen und Kollegen den technischen und methodischen Standard für die Online-Lehre setzt. Erst in einem zweiten Schritt und im späteren kollegialen Austausch können Optimierungen und Qualifizierungen geschehen.

In der Perspektive der Lernenden ist die Rolle der Institution vielgestaltig. Die Lehrperson wird zum zentralen „Touchpoint" mit der Institution. Sie repräsentiert damit die Institution, allerdings neuartig in ihrem eigenen privaten Rahmen. Insofern beobachten die Lehrenden, dass sie – wenngleich in dieser „virtuellen Semipermiabilität" – als eine Repräsentanz der Institution wahrgenommen werden. In diesen Interaktionen entstehen Raumkonzepte und Metaphern, die in der Folge eine Identifikation der Lernenden wie Lehrenden erzeugen.

Mit der Technik „kann ich eben nicht besonders gut improvisieren. Improvisieren geht bei der analogen Lehre in Bezug auf diese Dimension natürlich einfacher" [Interview 5; Position: 8–8]. Diese Aussage verdeutlicht implizit, dass die epistemischen Überzeugungen aufgrund der über Reflexion gemachten Erfahrungen immer wieder verändert wurden. Eine dieser interessanten Metaphern liegt in der Kategorie der Raumkonzepte. Die Probandin spricht vom Stellen der Stühle „im Kreis oder in U-Form" [ebd.] und fügt an, dass dies im virtuellen Raum nicht notwendig wäre, da man offensichtlich von vornherein über das virtuelle Raumkonzept in Kontakt ist. Dieser Abwärtsvergleich der Online-Lehre zur analogen Form ist deshalb besonders interessant, da sie als Gesangs- und Tanzlehrerin eine physische Beziehung zum Raum und den darin befindlichen Lernenden gewohnt ist. Insofern empfindet sie den virtuellen Raum als näher – im physischen Raum ist nach dieser Schilderung diese Nähe zunächst einmal herzustellen und zu erarbeiten. Im virtuellen Raum ist die Nähe demnach von vornherein eher gegeben. Diese Hypothese untermauert die Kollegin mit einer umfangreichen Episode, wie sie eine Lernende zum Gesangsunterricht zu sich in die Privatwohnung eingeladen habe und dies zu einer nennenswerten Irritation geführt habe. Sie bestätigt in diesem Bericht, dass die Verschränkung von privatem und öffentlichem Unterrichtsraum nicht unproblematisch sei. Demgegenüber sei es im virtuellen Handlungsraum so, dass sie „so sehr in (ihrem) Unterrichtsgeschehen drin (ist) und dann (vergisst) dass (…) das Bett nicht gemacht ist" [ebd.].

Die Interpretation dieser Episode zeigt, dass für die Probandin der virtuelle Raum in erster Linie ein mentaler Raum ist, unabhängig von der Verschränkung der jeweiligen Privaträume von Lehrenden und Lernenden. Insofern ist die Antwort in der Kategorie 4 „Sinn" plausibel, dass die Kollegin im Hinblick auf die Sinngebung keinen Unterschied zwischen virtueller und analoger Lehre macht.

So ergeben sich aus diesen Deutungen für die Wahrnehmung digitaler Bildungsanbieter als *Zwischenfazit* und *Entwicklungsthemen*:

\# Insbesondere in der Einstiegsphase setzt die Institution im Onboarding den technischen und damit auch methodischen Standard. Ohne eine systematische Befähigung neuer Kolleginnen und Kollegen bzw. Einführung in die Herausforderungen des Online-Unterrichts entsteht eine *Entfremdung* zwischen der eigenen Lehrambition und der = vor allem in der Einstiegsphase – rein auf die Technik bezogenen Verantwortung für die eigene Online-Lehre. Dass die Befähigung weit über die technische Kompetenz hinausgeht, zeigen die Entwicklungen in einer zweiten Phase der kollegialen Beratung. Daher sollte die technische Befähigung immer auch mit einer *methodisch-didaktischen Schulung* verbunden sein.

\#   Da die Lernenden/die Klient*innen über den rein digitalen Touchpoint nicht
     zwischen der Präsenz der lehrenden Personen und der Repräsentanz der Ins-
     titution unterscheiden können, ist eine intensive Identifikation insbesondere
     der Lehrbeauftragten notwendig. Denn es kann für die Lernenden höchst ir-
     ritierend sein, wenn Lehrende zynisch oder sarkastisch über die eigene Insti-
     tution sprechen – schließlich ist der Touchpoint aus Sicht der Lernenden/der
     Klient*innen identisch. Mit anderen Worten: Die Lehrenden repräsentieren
     nicht nur die Hochschule, sie „sind" im Moment der Online-Lehre und in
     der Wahrnehmung der Lernenden die Institution. Dieses Bewusstsein für die
     *dezentrale, halböffentliche Qualität von Online-Lehre*, die paradoxerweise bei
     Lehrenden wie Lernenden gleichermaßen in einem privaten und familiären
     Rahmen stattfindet, ist eine bleibende professionelle Herausforderung.

\#   Die Differenzierung in die Abteilungen traditioneller Schulen und Hoch-
     schulen in (wissenschaftlichen bzw. professoralen) Lehrkörper, Mittelbau
     und Verwaltung ist im Lichte der *„Touchpoint"-Perspektive* müßig und oft
     nicht plausibel. Das bedeutet auch, die Lehrenden mit administrativen Infor-
     mationen und Mandaten zu beauftragen, um sie gegenüber den Lernenden
     kompetent(er) zu „machen".

\#   Insbesondere die *organisatorische Begleitung des Lehr- und Lernprozesses* ist
     im Online-Unterricht eine Aufgabe, die mit der Kernaufgabe von Vermitt-
     lung und Unterricht einhergeht. Diese Metaebene bereichert – kritisch aus-
     gedrückt: entgrenzt – die Rolle der Lehrenden in digitalisierten Kontexten.
     Dieser Aufgabenkontext ist insbesondere in die Einstiegsphase und in das
     Onboarding mit aufzunehmen.

## 6.   Formelle und informelle Kollegien: Semipermeable Gruppenbildung im Online-Betrieb

„Ich war unlängst zum Noten Eintragen in der Schule. Das war in dieser bereits
wochenlangen Homeschoolingzeit ein echtes Erlebnis. Die Noten hatte ich in 20
Minuten eingetragen, aber ich habe mit zwei Kollegen eines dieser ‚Koprierge-
spräche' geführt. Das war mal wieder richtig gut, und zwar für alle", so einer der
Autoren im kollegialen Coaching, in der dritten Schulwoche 2021.

In diesem Spannungsfeld liegt die Herausforderung für die Kollegien von
zeitweise oder generellen Online-Bildungsinstituten, formelle und informelle Prozesse digitalisiert abzubilden. Die Kommunikation in den Kollegien
schwingt zwischen funktionalen Notwendigkeiten und dem sozialen Bedürfnis,
die Arbeit „vom Anderen her" (Arnold, 2012) zu entwickeln. Insofern sind diese
kollegialen „Blasen" semipermeabel, also halbdurchlässig: Zu definierten Zeiten

werden formelle Besprechungen und Beratungsformate angesetzt und die Isolation aus dem Homeoffice aufgelöst. Kollegiale Kommunikation wird jedoch in hohem Maße eigenaktiv hergestellt. Und entzieht sich so den Onboarding- und Fortbildungsformaten der jeweiligen Institution. Vielfach wurde in Coachings rückgemeldet, dass Führungskräfte in der Leitung der Institution zwar „immer wieder schreiben, melden Sie sich jederzeit bei Fragen", aber offenbar „niemand auf die Idee kommt, vielleicht mal uns als handelnde Akteure zu befragen" (O-Ton, Coaching). Diese Beobachtung verweist, weil wiederholt berichtet, auf eine mit der Krise offensichtlich veränderte Kommunikationsstruktur – in der die Verantwortlichen sich durch symbolische Interaktion (z. B. in kurzen E-Mails mit anweisendem Ton) als diejenigen zeigen, die die Ansagen machen, sich aber gleichzeitig aufgrund der Umstände viel weniger um ihr Kollegium kümmern können. Ohne dies hier zu werten: Solche schleichenden Veränderungen werden nicht ohne Folge bleiben, insofern sie nicht angemessen reflektiert und als Krisenphänomen „aufgearbeitet" werden. Vor diesem Hintergrund ist es aber nicht verwunderlich, dass sich (vgl. die quantitative Umfrage) die meisten der befragten Kolleg*innen weder Unterstützung bei ihrem Vorgesetzten noch bei dem eigenen Kollegium bzw. dem engeren Kreis der eigenen Fachschaft gesucht haben.

Die nun folgende Empirie bezieht sich auf die Einstiegsphase in einer Online-Bildungsinstitution oder eben der erzwungenen dezentralen Situation im Lockdown. Wir verfolgen hier die Frage, wie Kollegien in dieser Dezentralität einerseits die alltägliche Organisation – in der Einstiegsphase das Onboarding – sowie auch andererseits die Weiterbildungsaktivitäten respektive das kollegiale Coaching organisierten.

Diese beiden Ebenen liegen auf der formellen und informellen Ebene. Ist das Onboarding als Einstiegsphase in ein spezielles institutionelles System verstanden, wird dazu explizit Zeit aufgewendet. Durch die Eigenschaft bei hauptsächlich freiberuflich tätigen Lehrenden steht diese Zeitinvestition auch in einem wirtschaftlichen Zusammenhang. Die Einsteiger*innen betonen unabhängig voneinander, dass es einen hohen kommunikativen Anspruch bedeutet, ins System einzusteigen. Hier kann eine Mentorin oder ein Mentor im kollegialen Austausch fall- und fachspezifisch Zeit effizienter gestalten: „Idealtyp eines Coachings wären Coaches (…) mit denen man direkt in Kontakt treten kann. Ein Eins-zu-Eins-Coaching." [Kat. 7, Zit. 2, Interview 9]. Hier ergibt sich eine weitere Zielstellung für das kollegiale Coaching im Onboarding. Die Problematik der Zeitinvestition steht in vielen Gesprächen mit der unentgeltlichen Fort- und Weiterbildung in einem klaren Zusammenhang. Durch die Wahrnehmung der vordergründig technischen und verwaltungstechnischen Notwendigkeiten sehen die Proband*innen keinen tieferen Sinn, der dieser hohen Zeitinvestition gegenübersteht. Insofern sollte das Coaching stärker die eigene Lehre über die intrinsische Motivation zum Online-Unterricht thematisieren.

Als Barriere stellt sich auch die bereits erörterte Hierarchieproblematik dar: „(...) Wenn ein Neuer dazukommt, fehlt die Sicherheit. Wenn man Menschen nicht so einschätzen kann, fällt es schwerer, über Fehler zu sprechen. Das war für mich mit so ein Aspekt, dass ich zum Beispiel an einem Abend die Teilnehmerinnen und Teilnehmer sehr schwierig gefunden habe (...) Da wäre vielleicht (...) ein Qualitätszirkel mit immer denselben Menschen (besser) als ständig mit neuen Gruppen, wo man nicht weiß, wer ist heute da" [Kat. 9, Zit.1, Interview 4]. Die Kategorie dieser O-Töne lautet Vertrauen bzw. ein hier nötiges Vertrauensverhältnis. Kollegiales Coaching habe daher zunächst „gar nichts mit der erwarteten Qualität zu tun, sondern das hat wieder was damit zu tun, dass ich die kenne" [Kat. 9, Zit. 3, Interview 5; Position: 36–36]. Mit anderen Worten, es muss eine echte (!) „Augenhöhe" [Kat. 9, Zit. 5, Interview 10] vorhanden – und spürbar – sein. Auf dieser Basis sei auch (erst) kollegiale Hospitation möglich, bemerkt dazu eine andere Probandin: „Ich glaube, dass es mir gut gefallen würde, wenn er (Anm.: ein Kollege) mich einlädt, dass ich (...) zum Beispiel mal dabei sein kann und ihm mal auf die Finger gucke (...) oder, dass wir darüber reden, wie ich ihn empfunden habe, um dann im gleichen Gang (...) mir das anzuhören, was er von meiner Veranstaltung (...) und man vielleicht auch da mal in so einem Zweierblock mal einfach so redet, ohne gleich ein Feedback zu geben von null auf hundert" [Kat. 8, Zit. 1, Interview 7].

Die Rückmeldungen zu diesem Fragenkomplex schwanken zwischen diesem „mal einfach so" [ebd.] und dem Vorschlag, die kollegialen Coachings im fachlichen Kontext zu belassen und so tiefer in fachdidaktische Fragen eintauchen zu können (vgl. bspw. oben, Kat. 9, Zit.1, Interview 4). Daran ist aber auch die Kritik ablesbar, dass Personen, die explizit mit der Einführung in ein spezifisches institutionelles System beauftragt sind, nicht unbedingt die geeignetsten Personen dafür sind. Denn meist ist dies die Führungskraft, die damit eine Befangenheit in die Coach-Klient*innen-Beziehung hineinträgt. Die Befragten indes betonten die Bedeutung eines kollegialen „Wissenspools", wie bspw. hier: „Ich habe aber die Erfahrung gemacht, dass man ebenso im Kreis von Kollegen, informell, dass es unglaublich bereichernd ist, wenn man sich da austauschen kann und ja, ich sage einmal, aus diesem Wissenspool, das man als Gruppe hat, ja, an dem sich weiterentwickeln kann, in meinem eigenen bleibe ich halt nur gefangen" [Kat. 12, Zit. 3, Interview 4].

Die anthropologische Grundfrage, „wer bin ich, wenn mich niemand anschaut" (Litzenburger, 1987) bzw. „wer bin ich, wenn mir niemand zurückmeldet, wie ich wirke" (bzw. meine Arbeit wirkt), schleicht sich nicht von ungefähr in einen Bereich, der erstmal – rein technisch – nur für das Senden ausgelegt ist. Im selben Format, wie eingangs zitiert, bemerkte eine andere Kollegin: „Effektiv habe ich mehr Zeit zur Verfügung. Das ist eindeutig, aber ich komme dadurch nicht schneller voran. Es ist oft ganz umgekehrt der Fall" (O-Ton, Coaching). Und am Ende dieses kollegialen Coachings sagte sie – mit den entsprechenden somatischen Regungen: „Das ist das, was ich jetzt gebraucht hab, dieses virtuelle Flurgespräch. Das trägt mich jetzt durch die ganze Woche, glaube ich" (ebd.). Solche Selbstwahrnehmungen und zuweilen auch spontanen und emotionalen Regungen sind uns im Rahmen der Coachings und Schulungen während der Lockdowns mehrfach begegnet. Sie spiegeln die menschliche, allzu menschliche Erwartung an vergleichbare Formate aus der physischen Realität. Umso wichtiger ist es, diese Bedürfnisse, wo sie in Online-Formate übergehen und in diesen auch gelingen, angemessen zu spiegeln. Diese Zeit ist auch im Blick auf den Unterricht und die Motivation für diesen – auf beiden Seiten – gut „investiert".

Auch im virtuellen Raum und unter den Vorzeichen der Digitalität nutzen Kolleginnen und Kollegen die Kompetenz der informellen Beratung. Dies wird beispielhaft an diesem O-Ton deutlich: „(Ich) habe ich auch da meine Leute, die ich im Zweifelsfall immer ansprechen würde, ob sie mich coachen können in irgendeiner bestimmten Fragestellung. Und da würde ich auch immer erstmal auf diese Leute zurückgreifen" [Kat. 12, Zit. 5, Interview 5]. Wieder bestätigt sich die Vertrauensbasis als Grundlage, sich in Fragestellungen seiner eigenen Lehre anderen gegenüber zu öffnen. Aufschlussreich ist an dieser Stelle, dass Anleihen aus der analogen Lehre nicht nur gemacht, sondern auch reflektiert werden: „Ein kollegiales Coaching (…) zwischen Tür und Angel beschreibt es zu lapidar, aber im Kontakt mit ausgesuchten Personen. Also in der Präsenz haben Sie das ja so. Dann haben Sie Kolleginnen und Kollegen, mit denen können Sie besonders gut und die fragen Sie auch: ‚Ich habe da eine Schwierigkeit. Was machst du eigentlich da?' So funktioniert es in der Präsenz" [Kat. 12, Zit. 7, Interview 9]. Dieser Weg der Transformation von (positiver) Unterstützungserfahrung vom Analogen ins Digitale wird durchgängig von anderen Probanden und Probandinnen bestätigt, z. B. hier: „Ich kenne es aus der Präsenz, (dass man es) relativ strukturiert macht mit einer Kollegin, dass man sich auseinandersetzt: Welche Erfahrungen hast du? Was hast du beitragen? Also die mit mir einfach im Büro auch sitzt" [Kat. 12, Zit. 2, Interview 4]. Oder auch an anderer Stelle: „Informell mache ich das natürlich mit einer Freundin, die auch an der (Organisation) unterrichtet, dass wir immer gegenseitig unseren Unterricht angucken und durchsprechen, sowohl virtuell als auch real" [Kat. 12, Zit. 1, Interview 3].

Der zumeist hohe eigene pädagogische Anspruch für diesen „niederschwelligen" informellen Austausch reibt sich oft an der wirtschaftlichen Machbarkeit. Denn übereinstimmend wird bedauert, dass „selbst" in der Pädagogik dieser Ansatz nicht gelebt werde – es findet sich oft wieder dieselbe Formulierung, nämlich dass dieser zusätzliche Aufwand nicht finanziell oder durch zeitlichen Nachlass honoriert werde.

Auf Basis dieser Äußerungen ergeben sich als *Zwischenfazit* und als *Empfehlungen* für Lernorganisationen und Coachinganbieter:

# Da das „in einem Büro Zusammensitzen" (vgl. Zitat 2, Kat. 12) im virtuellen Raum aufgehoben ist und somit schwieriger Räume geschaffen werden können, „wo wir die Sachen besprechen, wo man dann Pausen macht (und) sagt, wie probiert man auch alternative Wege aus (...)" [Kat. 12, Zit. 9, Interview 10], bedarf es nicht nur der eigenen (intrinsischen) Motivation der Lehrenden. Diese Besonderheit der *semipermeablen Blasen* verlangt nach *Anreizsystemen* durch die Organisation und nach Strukturierung dieser Treffen. Diese Anreizsysteme sollten die intrinsischen Motivationen der Lehrenden über das funktionale Onboarding hinaus aufgreifen, damit es bedeutsam wird und das Zeitinvest rechtfertigt.

# Die Bereitschaft zum Coaching muss auch systemisch-strukturell honoriert werden. Die vielfach gewünschten 1:1-Hospitationen und *kollegialen-Coaching-Formate* stellen sich als zentrales Potenzial heraus. Diese sollten nicht unentgeltlich bzw. – im schulischen Kontext – durch zeitlichen Ausgleich abverlangt werden.

# Zusammen mit einem dann entstehenden Vertrauensverhältnis zwischen den Lehrenden wird es möglich, die intrinsische Motivation zur Online-Lehre aufzugreifen und im Sinne der eigenen Persönlichkeitsentwicklung zu fokussieren. In diesem Szenario ist es möglich, *fall- und anliegenbezogen Unterstützungsangebote* auszuarbeiten.

# Anstelle (oder zusätzlich zu) einer verstetigten, in der Gruppenzusammensetzung aber wechselnden kollegialen Gruppe ist es auch denkbar, *fachspezifische Beratungsgruppen* zu bilden, um diese kollegiale Entwicklung in einem Vertrauensverhältnis zu entwickeln. So wird es möglich, die spezifischen Bedarfe der Online-Lehre mit den fachdidaktischen Besonderheiten der einzelnen Fächergruppen zu verbinden.

# Gleichzeitig sollten Coachingangebote nicht im Fachlichen „stecken" bleiben. Gerade im Coaching liegt die Chance, *fachübergreifend Anliegen* kollegial zu spiegeln, ohne den oder die andere als fachliche Konkurrent*in (unbewusst) zu verstehen und ohne fachliche Aspekte als „non plus ultra" darzustellen.

\# Insofern sollten Coachingformate, besonders in der *Implementierungsphase,* die Aspekte Lehrendenpersönlichkeit, Persönlichkeitsentwicklung und hybride Selbstorganisation zum Fokus ihres Ansatzes nehmen. Diese Empfehlung deckt sich mit der Erkenntnis, dass sich technische Fragen in digitalen Lehr- und Lernwelten nicht nur in der Phase des Onboardings immer wieder in den Vordergrund stellen (vgl. Kap. 1: Technik als Basis), sondern, dass hinter diesen i. d. R. auch oft Fragen methodisch-didaktischer Natur sowie des *mentalen Handlings* liegen. In dieser physisch-psychischen Mehrbelastung besteht der Anspruch des Online-Coachings im Kontext der (Unterstützung) der Online-Lehre.

## 7. Didaktische Konzepte: Pädagogische Grundlagen, Standards und Verbindlichkeit

In der hier als Grundlage gewählten Empirie sind die Lehrenden Fachpraktiker*innen, die über diesen Weg in die Lehre gekommen sind. Das ist für die Fragestellung dieser Untersuchung insofern relevant, als dass hier gezwungenermaßen ein eigener induktiver Weg beschritten werden musste. Lehrpraktische Reflexionsangebote erhielten die Kolleginnen und Kollegen durch ein begleitendes technisches sowie methodisch-didaktisches Schulungsprogramm.

Die Schlüsselkategorie der didaktischen Konzepte stellt sich zusammen aus den Kategorien „4. Empathie", „13. Wertschätzung", „18. Interaktion mit der Studierenden", „19. Reflexion der eigenen Lehre", „22. Beziehung" sowie „30. Technische Mittel des nicht-verbalen Unterrichtsgesprächs".

Eine spezielle Herausforderung für die digitale Vermittlung ist der als brüchig empfundene Kontakt zu den Lernenden. Diese „Brüchigkeit" wird in erster Linie technisch begründet, stellt sich jedoch in Abgrenzung zu Kapitel 1 (vgl. Kap. 1: Technik als Basis) als eine nur scheinbar plausible Begründung heraus. Die Grundlage für eine zu Beginn der Online-Lehre vermisste Souveränität in der digitalen Präsenz bilden die fehlende Resonanz und das ausbleibende gestische und mimische Feedback: Es sei schwieriger, „in einen Dialog (zu) kommen" [Kat. 18, Zit. 19, Interview 3], „wo sich einfach Diskussionen anbieten (und man als Lehrperson) wirklich mit den Menschen in Kontakt kommt" [Kat. 18, Zit. 20, Interview 4]. Eine gemeinsame Erfahrung in der Online-Lehre ist das Defizit, des „Wahrnehmen Könnens (das heißt) Menschen wahrnehmen (zu) können über Bild und Stimme" [Kat. 18, Zit. 21, Interview 4].

Diese erste Defiziterfahrung wird aber abgelöst von einer zweiten Kompetenzentwicklung auf Seiten der Lehrenden. Denn das als Defizit beschriebene nicht oder wenig Wahrnehmen Können [ebd.] löst sich zunehmend in einem

Art Sensorium für einzelne Lernende auf: „Wir diskutieren in der Runde (…) visuell sichtbar, das heißt, ich kann sehen, wie die einzelnen reagieren, wie die einzelnen antworten (…) Entweder, dass ich die Leute von sich aus melden oder ich von vorne bis hinten persönlich frage" [Kat. 18, Zit. 1, Interview 1]. Über diesen Weg der sozialen Kompetenzentwicklung bzw. -erweiterung im Digitalen entsteht eine Souveränität, die von den mehrdimensionalen Risiken des brüchigen Kontaktes hin zu einer stärkeren Haltung in der Moderation führt: „Am Anfang war ich sehr konservativ, habe also darauf geachtet, dass ich meinen Unterricht, wie ich ihn geplant habe, sehr kleinschrittig umsetze. Ich habe mich sehr an der PowerPoint festgehalten und war leichter zu irritieren durch technische Sachen, die immer mal passieren können. Heute preise ich die in meiner Planung schon mit ein (…) bin mutiger" [Kat. 17, Zit. 3, Interview 3]. Insofern ergibt sich auch hier der Weg von einer sorgfältigen und damit unflexiblen Unterrichtsplanung hin zu einer improvisationsgeleiteten und damit auch fehlertolerante(re)n Unterrichtsvorbereitung: „Den Raum im Vorfeld zu bestücken (…) gibt mir eine große Sicherheit (… Dann) kann ich die Sachen aufrufen, auch in der passenden Reihenfolge" [Kat. 17, Zit. 8, Interview 1]. Auch – in der digitalen und Online-Lehre – ergibt sich der Lerneffekt durch Übung und Routine, im O-Ton: dass „je mehr Seminare (…) virtuell durchgeführt (werden), desto mehr vertieft man sich in den Austausch bzw. in die Wirksamkeit des Lehrens" [Kat. 17, Zit. 12, Interview 9].

In einer darauffolgenden Entwicklungsphase stellt sich die Interaktion mit den Studierenden als wichtiges Resonanzfeld dar. In dieser Phase arbeiten die Lehrenden sehr stark an Fragen der Moderation und der Aktivierung: „In einer Gruppe (…) mit zwölf Leuten ist die Wahrscheinlichkeit größer, dass sich die Leute mit dem Bild einschalten. Und dass sie sich zu Wort melden. Und dass sie aktiv mitmachen. (Aber) ab einer gewissen Gruppengröße ziehen sich die Leute immer mehr zurück. Sie sind auch nicht mehr auf dem Bild erkennbar. Sie schalten sich einfach aus" [Kat. 17, Zit. 3, Interview 1].

Dabei ist das eingeschaltete Webcambild der Teilnehmer*innen noch kein Garant für eine gelingende Interaktion und Aktivierung der Lernenden. An der Notwendigkeit eines gelingenden Inputs und einer zugewandten Unterrichtseröffnung wird dies deutlich. Lehrende „holen am Anfang die Teilnehmer ab – was soll heute passieren? In der Unterrichtseröffnung fragen sie: Woran würden Sie merken, dass die Veranstaltung gut war? Welche Ziele haben Sie? Was bringen Sie mit?" [Kat. 18, Zit. 4, Interview 2]. An einer solchen Unterrichtseröffnung wird deutlich, dass es „bei den Teilnehmern (liegt), wie verantwortungsvoll sie mit diesen Vereinbarungen umgehen" [ebd.].

An beiden Haltungen wird sichtbar, dass es bei den Gelingensfaktoren für Interaktion und Aktivierung einerseits um die Gewichtung und die Rolle von frontal gehaltenen Referaten der Lehrpersonen und andererseits um dessen Kompetenz in der Gesprächsmoderation geht. Lehrende wissen um das Konzept der kompetenzorientierten Konstruktion von Wissen – in der Theorie: „Es geht um Interaktivität. Interaktivität. Interaktivität. Das steht so im Mittelpunkt, dass es wirklich auf gar keinen Fall passieren darf, dass ich da Stunden, also über längere Strecken allein doziere" [Kat. 18, Zit. 50, Interview 11].

In der Lehrpraxis berufen sich die Lehrenden unabhängig voneinander auf den Diskurs der Anwendungsorientierung, über den ein authentisches und lebendiges Unterrichtsgespräch entstehen kann: „Wenn man (sich) gemeinsam um der Sache Willen auseinandergesetzt hat, gestritten hat, gerungen hat, im Dialog möglichst auf Augenhöhe. Oder dass die gemeinsame Auseinandersetzung mit einem Inhalt (gelingt), wenn es ein (…) echtes Unterrichtsgespräch, also jedenfalls im Sinne von Dialog (wird), nicht im Sinne von: Ich stelle Fragen und erwarte vorgefertigte Antworten" [Kat. 18, Zit. 15, Interview 3].

Der In-Vivo-Code „Unterrichtsgespräch" schließlich weist auf die Ambition hin, die eigene berufspraktische Ansicht, aber auch die der zumindest teilweise einschlägig berufstätigen Lernenden im Diskurs zu würdigen. Dieses gemeinsame Bemühen richtet sich auf das didaktische Ziel aus, „eigene Beispiele ihres Arbeitslebens mit einzubringen. Ich sage: ‚Das ist die Theorie. Die praktische Anwendung diese Theorie sieht so und so aus. Kennt Ihr das aus eurem Alltag? Wer kennt das? Wer mag mal ein Beispiel reingeben?'" [Kat. 18, Zit 25, Interview 5.].

In der Beziehung zwischen Lehrenden und Lernenden zeigt sich ein Raumkonzept, das sich zwischen der berufspraktischen Anwendung einerseits und der im Studium thematisierten Theorie andererseits aufspannt. Zwischen diesen beiden Räumen zu vermitteln, sehen die Lehrenden als Herausforderung an: Die Schule/Hochschule soll dabei keine geschlossene Welt sein. Wenn Lehrende ihre eigene berufspraktische Sicht in das Unterrichtsgeschehen einbringen, profitiert die Glaubwürdigkeit der Lehrperson. Darin schwingt die systemische Überzeugung, dass die gemeinsame Konstruktion von Wissen von interdisziplinären Bezügen gewinnt. Dies im Unterrichtsgeschehen und den heterogenen, berufserfahrene Lernenden einzusetzen, ist daher ein wichtiges Gebot für gelingende Lehre im virtuellen Raum.

In Anlehnung an die Raummetapher, zwischen den theoretischen und praktischen Räumen vermitteln zu müssen, ergibt sich zwangsläufig eine induktive Unterrichtsstrategie: „Ich mache Praxisaufgaben (…) Mal ein ganz simples Beispiel, wenn ich (das Thema) Onlineberatung mache, frage ich: Wie oft seid ihr im Internet? Was macht ihr im Internet? Und so ein bisschen runtergebrochen: Was benutzt ihr dafür? Holt ihr euch Informationen? Habt ihr euch schon mal beraten lassen? Und so weiter und so weiter, ne, und dann frage ich die danach" [Kat. 17, Zit 47, Interview 10]. „Erst dann kläre ich auf und referiere die Wahrheit. Aber es gibt immer Übungen dazwischen, (…) ich strebe an, dass mein Redeanteil zugunsten der Lernenden reduziert wird" [Kat. 17, Zit. 51, Interview 11]. So wird der Unterricht auch zu einem Kolorit „voll mit Lebenserfahrung (…) mit Anekdoten und Sachen, die mir wirklich passiert sind. Damit möchte ich meinen Unterricht mit eigenem Erfahrungsschatz bereichern" [Kat. 17, Zit 52, Interview 11]. Insofern lässt sich abschließend das Motto „Induktion statt Deduktion" als didaktischer Standard auch für die Online-Lehre (für das Online-Coaching ohnehin) festhalten.

Auf Basis dieser Auswertung ergibt sich als abschließendes *Zwischenfazit* dieses Kapitels:

- Während zu Beginn des Online-Unterrichts technische Fragen überwiegen, rückt der Blick auf den lernenden Menschen in der „anderen Blase" im Laufe der Zeit mehr und mehr in den Mittelpunkt. Die Distanz zwischen den Räumen wird nicht nur durch die virtuelle Blasenhaftigkeit empfunden, sondern auch durch eine *Verantwortungsdiffusion,* die sich durch nicht eingeschaltete Kameras und/oder Mikrofone verstärkt.
- Lehrende spüren bereits nach wenigen Stunden im virtuellen Unterricht diese Defizite in der *Beziehung zu den Lernenden.* Ihre Ambition richtet sich nun darauf, die Gruppe im virtuellen Raum buchstäblich „zum Laufen" zu bringen – und zwar dann, wenn diese Erfahrung auch reflektiert worden ist; andernfalls kippt der Unterricht in den Stil einer „Vorlesung".
- In den hier untersuchten Beispielen bestätigen sich die Thesen der Autoren, die sie an anderer Stelle (vgl. Hanstein/Lanig, 2020b, S. 106–108) aufgestellt haben. Das gilt u. a. für die Aspekte der virtuell geförderten Passivität, der vorrangigen Aufgabe der *Aktivierung und der Wirksamkeit von Inputs* für den Lern- und Gruppenprozess. Es lässt sich mit der vorliegenden Auswertung beispielhaft belegen, dass und wie Lehrende geeignete Strategien suchen, i. d. R. auch finden und zu pädagogischen Haltungen ihres Online-Unterrichts ausbauen.
- Interessant ist, dass diese pädagogischen Grundlagen und Standards, welche zu Handlungsmaximen der Lehrenden werden, sich von den wesentlichen Merkmalen „des guten Lehrers/der guten Lehrerin" im herkömmlichen analogen Raum kaum unterscheiden. Es geht den Kolleginnen und Kollegen vorrangig um einen Unterricht, der auf Interaktion, auf Wertschätzung und

spürbarer Empathie gründet – also pädagogisch gesprochen: um *Beziehungsdidaktik.*

- Die Lehrinhalte spielen im Online-Unterricht eine insofern veränderte Rolle, als dass sie die Erfahrungsräume von Lehrenden und Lernenden verbinden können. Hier spielt der Wissens- und Kompetenzvorsprung der Lehrenden eine größere Rolle, um auch *über die Lehrinhalte* eine Beziehung zu etablieren.
- Gleichwohl sind viele Phänomene – wie beispielhaft Mehrperspektivität im virtuellen Raum oder ein anderes Zeitgefühl im Online-Unterricht – in der Fernlehre spezieller Natur, weshalb sich, auf der Grundlage der hier beschriebenen Reflexionen und der langen Erfahrungen von Fernhochschulen, eine grundlegende *„Beziehungsdidaktik im Online-Unterricht"* als Gegenstand der Bildungs- und Unterrichtsforschung aktuell geradezu aufdrängt.
- Deutlich wurde, dass die Übernahme von virtueller Lehre als erweitertes Spektrum allein nicht zwingend zu einem *Kompetenzzuwachs* der Lehrenden führen muss – dazu sind die Herausforderungen anfänglich zu groß –, dass diese jedoch, verbunden mit adäquaten Angeboten der Reflexion und des Coachings, durchgängig zur Kompetenzerweiterung führt. Diese Beobachtung wäre ggf. auf das Konzept der „Transflexing" (vgl. Kühl/Lampert/ Schäfer, 2018) und ein für das jeweilige Team bzw. die jeweilige Organisation zugeschnittenes *Phasenmodell* zu erweitern.

Diese Konzepte und Ansprüche an das Unterrichtsgeschehen liegen bis an dieser Stelle der Studie naturgemäß auf einem relativ hohen Abstraktionsniveau. Daher möchte das folgende Kapitel Konkretisierungen im Sinne von Techniken und Handlungsprinzipien erarbeiten, um die Gelingensfaktoren des Online-Unterrichts für die Lehrpraxis strukturiert aufzufächern.

# II. Unterrichtsgeschehen

## 1. Ent- und Begrenzungen des Unterrichts

Der Unterricht von „Blase zu Blase" bringt nach Meinung der interviewten Kolleginnen und Kollegen deutliche Vorteile mit sich: „besser als in der Präsenzlehre, weil da brauche ich keine Geräte mitschleppen, gar nichts. Das kann ich sofort hochladen, da bin ich gleich in irgendeiner anderen Seite. Ich kann mir mit meinen Studis eine Website angucken, ich kann mir einen Film angucken. Ich kann einen Film drehen, den hochladen. Ich kann Bilder zeigen, viel leichter eigentlich. Bis hin zur Erstellung von irgendwelchen Notizen über die Whiteboards streamen. Das macht richtig Sinn und das ist auch einfacher, als wenn sie alle jetzt, gerade auch mit den Masken, durchs Klassenzimmer laufen und all diese Dinge. Das ist viel schöner. Da ist jeder zu Hause und alle arbeiten irgendwie zusammen. Das halte ich (für) sehr positiv" [Kat. 29, Zit. 15, Interview 7].

Die Beispiele konkreter Auswirkungen werden im Vergleich zum analogen Unterricht als sehr positiv eingeschätzt: „Also, es sind für mich in erster Linie wirklich so praktische oder Bequemlichkeitsgeschichten" [Kat. 29, Zit. 11, Interview 6]. Diese Beispiele ziehen sich über wegfallende Reisewege [vgl. ebd., Interview 6, 8 und 14] und eine erfahrene Verbundenheit in „virtuelle Blasen" an verschiedenen Orten und Länder hinein [vgl. ebd., Interview 3, 7, 17 und 21] bis hin zu dem für Lehrende sehr praktischen, weil alltäglichen Aspekt der Arbeitsblätter: „Früher musste ich immer früher schon da (d. h.: an der Schule) sein und zig Exemplare kopieren" [Kat. 29, Zit. 20, Interview 11]. Diese Entgrenzungen der Online-Lehre werden im Interview unter dem Aspekt der Ökonomisierung zusammengefasst [vgl. ebd., Interview 19].

Entgrenzungen geschehen damit in den vormals gegenseitig verschlossenen Sphären der privaten und öffentlichen Räume und der synchronen und asynchronen Zeiträume: Diese sind außerhalb der Online-Lehre durch das physische (Hoch-)Schulgebäude definiert. Dort gab es bislang, kulturell erlernt, nur zwei Zustände: Entweder man war „in" der Schule oder die Schule war „aus". Zu diesen zwei sich gegenseitig ausschließenden Zuständen gesellt sich nun eine Vielzahl von diffusen, sprachlich noch nicht fassbaren (vgl. Hanstein, 2021c) Entgrenzungen. Es wird deutlich, dass die Strukturierung und die Selbstorganisation dieser nunmehr selbst zu definierenden mentalen Raum- und Zeitmetaphern die eigentlich große Herausforderung für Lernende wie Lehrende ist. Aber auch für die Bildungsorganisationen, denn im Grund ist es deren Aufgabe, entscheidende Termini vorzugeben. Das Phänomen dieser Unschärfen ist Indikator für strukturelle Change Prozesse, die bislang offensichtlich zu wenig erkannt und begleitet wurden (vgl. ebd., vgl. Hanstein/Lanig, 2021).

In dieser mehrdimensionalen Veränderung der Bildungslandschaft helfen Rituale, um eine unbewusst wirksame Strukturierung für diese Zeiten herzustellen: Sei es eine körperliche Gymnastik zum Beginn des Online-Unterrichts oder – bei Lernenden wie auch Lehrenden – die Einrichtung einer Art „Online-Stehtisch", an dem exklusiv diese Themen stattfinden – und damit bewusst nicht am Küchentisch oder auf dem Sofa. Denn die Vermischung der Raum- und Zeitstrukturen, wie sie das „Homeschooling" und das „Homeoffice" mit sich brachten, wurde als Begleiterscheinung in Kauf genommen, in der Einführung aber nicht reflektiert –

was hier mehr als Kritik als Feststellung gemeint ist, schließlich befanden sich alle Akteure in der gesellschaftlichen Krisenlage. Umso wichtiger stellt sich dieser Auftrag für Fortbildungen und Unterstützungsformate für alle am Schulleben beteiligten Personen. In eigenen Schulungen konnten wir Anliegen, welche die Raum-Zeit-Struktur betrafen, als wiederkehrende und feste Größe identifizieren. Diese Beobachtung lässt sich darauf zurückführen, dass der Lerninhalt immer an einen Lernort gebunden ist, ebenso an eine Zeit für die jeweilige Lernaktivität. Das mag „banal" klingen; doch eben, weil es so grundsätzlich ist, besitzen die Zusammenhänge eine unbewusste Wirkung, die mit dem „Sprung ins kalte Wasser" nicht mehr erfahrbar war. In Fortbildungen ist es aber nicht nur entscheidend für diese Bedeutung von Raum und Zeit zu sensibilisieren, sondern insbesondere auch für die Zwischenräume und Zwischenzeiten. Denn gerade in diesen ereignen sich Übergänge: der Weg von zu Hause bis zur (analogen) Schule, vom Chemielabor zur Deutschstunde, und nicht zuletzt die sozial wichtigen Zeiten der Pausen. Lernpsychologisch ist es unbestritten, dass diese Phasen für die Verarbeitung des Gelernten wie für eine umfängliche Kompetenzerweiterung unerlässlich sind. Wir sehen durch diese Untersuchung sowie die empirische Erfahrung in Fortbildungen von Lehrenden und Schulungen von Eltern und Erziehungsberechtigten in der Adaption dieser physischen Lernerfahrungen in den virtuellen Raum ein deutliches Desiderat (vgl. dazu im folgenden Kapitel).

Eine zusätzlich entscheidende Grenze, die indessen über Online-Lehre aufgelöst wird, ist die Unterscheidung zwischen Theorie und Praxis. Hier erweist sich die Diffusion vormals scharf getrennter Bereiche als Potenzial, indem Lehrende bewusst diese mentalen Bilder der konkreten Berufspraxis nutzen, um über eine Induktion die Unterrichtsinhalte in ihrer Relevanz zu betonen oder deren Anwendungsbezug plausibler zu machen. Lehrende sind dann zufrieden, wenn Lernende „anfangen, selber darüber nachzudenken und (die Lehrinhalte) auf den eigenen (…) Aufgabenkontext hin anwenden. Dann kommen sie sogar zurück und sagen: Super, das hat geklappt. Dann bin ich (die Lehrende) unfassbar happy" [Kat. 27, Zit. 3, Interview 5]. Darin liegt mehr als ein gelungener Theorie-Praxis-Transfer. Denn in dieser Situation wirkt das Unterrichtsgeschehen asynchron über die Zeit- und Raumschranke hinweg. In diesem Moment ist diese Situation eine gelungene Lehr-Lern-Situation, die diese beiden Räume („Blasen") und Zeitkontexte über das Handeln von Lernenden und durch die Interaktion mit Lehrenden verbunden hat.

Unter anderem in dieser Situation zeigt sich auch die Online-Lehre als Diffusion zwischen Institution und der jeweiligen Lehrperson. Die Lehrenden haben von dieser Entgrenzung berichtet, in der sie sich neben dem eigentlichen Unterrichtsgeschehen auch mit Nebenschauplätzen wie der Organisation und/oder administrativen Fragen der Lehre beschäftigen sollten. Das ist in erster Linie eine Zumutung für die Lehrenden – das liegt daran, dass die Lehrpersonen aus Sicht der Lernenden zu exklusiven Anlaufstellen und Kontaktpunkten (neudeutsch „Touchpoints") der (hoch-)schulischen Institution werden.

Diese Zumutung zeigt aber, dass dieses Fremdbild nur dann weniger irritiert, wenn es sich zu einem Teil des Selbstbildes der Lehrenden ausbauen kann. Denn in der Tat haben Lehrende als Moderatoren, Trainer, Entertainer, Coaches (diese Liste könnte man noch weiter ausführen) neue Funktionsbereiche, die tatsächlich mit Leben zu füllen sind. Auch in der Reflexion der mit dem Online-Kontext neu entstandenen Rollen liegt daher ein Potenzial für den Bereich Weiterbildung und Coaching. Um ein bildhaftes Beispiel zu bemühen: Kann man in einem physischen (Hoch-)Schulgebäude einzelne Schüler*innen zum Sozialarbeiter oder zur Sozialarbeiterin, ins Sekretariat oder an eine andere Stelle verweisen, ist es diesem Kontext weder möglich noch sinnvoll. Stattdessen ist es, systemisch betrachtet, notwendig, das Lehrverständnis institutionell wie individuell weiterzuentwickeln.

Es soll an dieser Stelle konstatiert werden, dass das Fremdbild von Lehrkräften in Online-Kontexten mit Erwartungen entgrenzt wird, das andererseits an die Rolle neue Ansprüche stellt.

Aus Sicht der Lehrendengesundheit – Stichwort: salutogenetische Führung – müssen sich Lehrende besonders in diesen Ansprüchen professionell abgrenzen. Die konsequente und transparente Kommunikation der Makrostruktur des Lehrens und Lernens kann antizipieren, was an Ansprüchen entstehen kann und wie die Selbstsorge der Lernenden gefördert werden kann. Denn das Ziel muss sein, im Unterrichtsgeschehen nicht in solche prekären Situationen zu kommen.

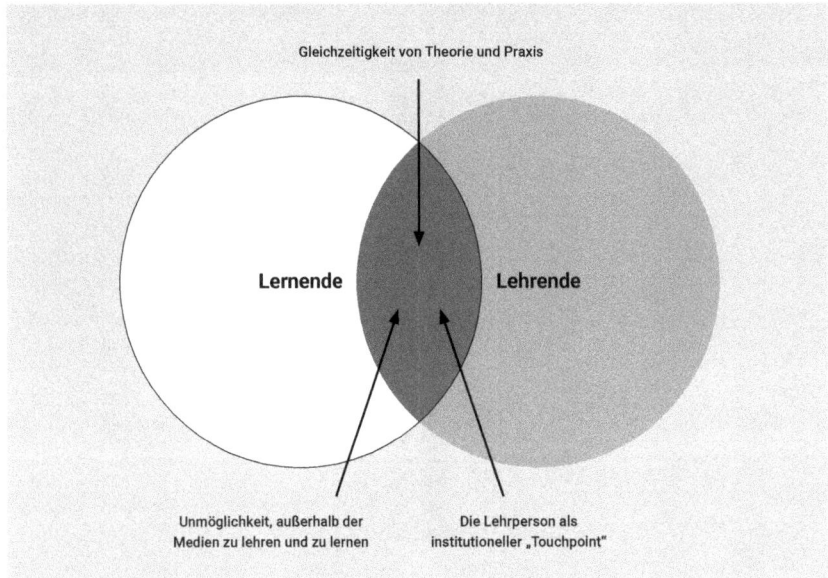

Abb. 1: Schnittmenge von Lernenden und Lehrenden und die daraus erwachsenen Ansprüche an die Lehrendenrolle

Hier spielt die Antizipation eine zentrale Rolle, um diese Situationen zu verhindern bzw. mental abzupuffern (vgl. Hanstein/Lanig, 2020a).

Insofern steht der *Entgrenzung* der Online-Lehre die Begrenzung durch die *spezifische Struktur* des Online-Lernens gegenüber. Darin stellen die Lehrenden in Abgrenzung zu ihrer bisherigen Lehrerfahrung in drei Dimensionen Unterschiede und Defizite fest:

1. Die zwischenmenschliche Resonanz zwischen Lehrenden und Lernenden ist nur indirekt erfahrbar – „briefmarkengroße" (O-Ton) Kamerabilder leisten nicht, was man in der Unterrichtssituationen bislang gewohnt war. Diese, zunächst, *Defizit-Erfahrung* kann dazu animieren, zusätzliche Räume der virtuellen Begegnung zu schaffen. Insofern erhält der Aspekt der Gruppenarbeiten (Stichwort Break-out-Räume) eine neuartige Aktualität.

2. Die *Kontrolle* des Unterrichtsgeschehens inklusive einer Sanktionierung stellt sich als unangemessen heraus. Dieser Aspekt gehört zur traditionellen Schule im physischen Raum. Er persifliert im online und hybriden Kontext, legt aber durch eine übergroße Irritation – Stichworte: Präsenzpflicht und Unmöglichkeit der Kontrolle von Präsenz im Online-Unterricht – aktuell auch die pädagogischen Haltungen dieses traditionellen Bildes von Schule

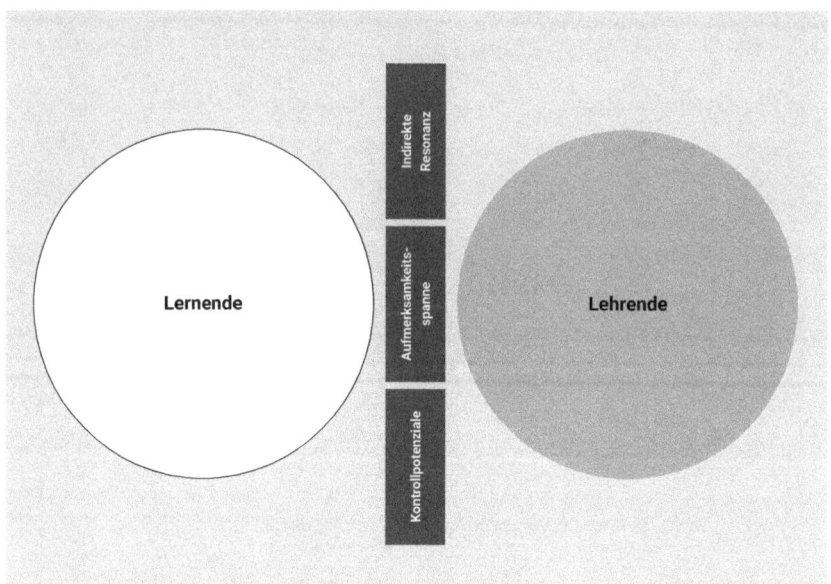

Abb. 2: Begrenzungen, die die „Blasen" von Lernenden und Lehrenden trennen

bloß. Insofern kommt der (wiederkehrenden) Aktivierung und der Modifikation der Methodenwechsel eine neuartige Bedeutung zu. Unterrichtskontexte bekommen die Chance, ihren „Beschämungscharakter" abzulegen und Faktoren der Bedingung dieser wiederholt berichteten (und erfahrenen) Negativ-Erfahrungen zu reflektieren.

3. Die *Aufmerksamkeitsspanne* ist für Lehrende wie Lernende vor dem Computer weit kürzer. Diese Wahrnehmung leitet nicht nur zu zeitgemäßen Bildungsprozessen an, sie führt auch Lehrende und Lernende neuartig zusammen. Denn das vermeintliche Manko einer mangelnden Aufmerksamkeit lag traditionell durchweg beim Lernenden.

Gleichzeitig entwickeln die Lehrenden, der hier vorgelegten Erhebung zufolge, *neuartige Strategien*, um mit diesen wahrgenommenen Defiziten konstruktiv, kreativ und produktiv umzugehen. Beispielhaft sind hier zu nennen:

1. „Da bin jetzt gefordert (...) was die wissenschaftliche Seite angeht (hat die Lehrperson einen gewissen Vorsprung), aber (...) nicht auf der lebenspraktischen Seite. Auf gar keinen Fall (...) Da hat sich (...) schon etwas von der Haltung her geändert, was eigentlich dieser Idee mit dem Dialog eigentlich recht nahekommt" [Kat. 18, Zit. 9, Interview 3]. Der *Beziehungsaufbau* geschieht hier nicht in erster Linie über die soziale, sondern über die fachliche

Ebene. Dabei ist notwendig, dass auf dieser fachlichen Ebene ein Konsens über die Bedeutsamkeit geschaffen wird. Dies geschieht in der Einstiegsphase des Unterrichts, in dem die Vermittlungsziele aus der Perspektive der Berufspraxis nachvollziehbar dargelegt werden. Gelingt diese Motivierung, wird die Kontaktaufnahme indirekt über soziales Lernen (wie Projekte, Übungen, generell die Artefakte im Unterricht) hergestellt. Über bedeutsame gemeinsame Projekterfahrungen entsteht so eine Ebene, die als Unterrichtsgegenstand gewissermaßen zwischen die Lehr- und Lernakteure tritt.

2. Lehrenden gelingt es, nachvollziehbare *Strategien der Moderation* zu etablieren. Als Beispiel ist das die Namensliste, die eine Grundschullehrerin in jeder Unterrichtsstunde durchgeht. So erreicht sie, dass jede Schülerin und jeder Schüler einmal zu Wort kommt und dieses als Ritual etabliert. Aufgrund wiederkehrender Rückmeldungen mit „Schüler*innen ohne Mikro" ist dieses *Ritual* zusätzlich wichtig, damit *Regeln* für den gemeinsamen Unterricht (der sonst dieses Wort nicht verdient) aufrechterhalten werden können: dass jeder möglichst mit Ton und Bild dabei ist.

3. Die Aufmerksamkeitsspanne wird durch neue Konzepte und Techniken, etwa die *Sandwich-Strategie* (siehe Hanstein/Lanig, 2020b, S. 56–59) kleinschrittig moderiert. Durch einen zeitlich unterstützten Methodenwechsel gelingt eine mediendidaktisch angemessene Moderation durch die Lehrperson. Signifikant ist dabei, dass Lehrende in der Eröffnungssequenz eines Online-Unterrichts bereits in den ersten 20 Minuten direkt in die Interaktion gehen. Damit erreichen sie, dass Lernende „sich frühzeitig (…) einbringen müssen" [Kat. 18, Zit. 26, Interview 5]. Das ist insbesondere deshalb nennenswert, da die Stresssituation für die Lehrenden vor dem Computer in der Regel dazu führt, zu lange zu monologisieren [vgl. ebd., S. 106–108].

4. Entwicklungspotenzial haben Online-Unterricht und Online-Lehre dann, wenn neben dem für viele neuartigen „Online-Lehrbetrieb" die *Sensibilität bei Lehrenden* erhalten geblieben ist, sich *auch virtuell reflektiv* „mit menschlichen Kommunikationsprozessen zu beschäftigen. Das sind alles Sachen, die mir sehr zugute kommen, allein das Wissen um gruppendynamische Prozesse" [Kat. 6, Zit. 4, Interview 5].

Dieser letztgenannte O-Ton weist beispielhaft auf die besondere *Bedeutung pädagogischer Konzepte* hin. Spätestens nach der ersten Phase der technischen Inputs werden Fragen wie diese zur Gruppendynamik in virtuellen Lern- und Arbeitswelten vermehrt aufkommen. Dabei wird es wesentlich sein, bewährte Modelle – nicht nur aus schul- und hochschuldidaktischen Kontexten – zu berücksichtigen. Ein Konzept, das bereits über 50 Jahre alt ist, derzeit aber eine neuartige Würdigung verdient, ist das TZI-Modell nach Ruth Cohn (vgl. Hanstein/Lanig, 2020b, S. 109–112).

## 2.   Entgrenzende Online-Lehr-Lern-Szenarien

In den dargestellten Be- und Entgrenzungen spielt sich ein Unterrichtsgeschehen ab, auf dessen Basis das nun folgende Kapitel die methodisch-didaktischen Konzepte beschreiben wird.

Wurde bereits an vielen Stellen festgestellt, dass die Technik distanzierend wirkt, ist es das Bemühen der Lehrpersonen, eine Verbindung mit den Teilnehmer*innen aufzubauen, die über die Atmosphäre und die situative Stimmung hinausgeht: Lehrenden ist es offensichtlich wichtig, die Lernenden „immer wieder ab(zu)holen, dass (sie) auf Zwischenschritten gucken, ob die Ziele erreicht sind. Und (sie, die Lehrenden) überlassen es ein Stück weit den Teilnehmern, wie verantwortungsvoll sie mit diesen Vereinbarungen umgehen" [Kat. 18, Zit. 4, Interview 2]. Dieses Bemühen nach einer dialogischen Verbindung wird abgegrenzt zu einem Monolog, so dass es „interaktiv (wird, ein Unterrichtsgeschehen, in dem) sich (die Lernenden) eingebunden und aufgehoben fühlen. Dass sie teilhaben können, dass sie nicht nur ein Programm abgespult kriegen" [Kat. 18, Zit. 14, Interview 3]. So gelingt es beispielhaft über eine aktivierende Moderation der Gespräche hinaus die berufspraktischen Anwendungen in das Unterrichtsgeschehen einzubinden: Indem Lehrende Simulationen und Rollenspiele in „Gruppenarbeiten machen, wo etwas präsentiert werden darf. Oder irgendwelche Rätsel, die gelöst werden müssen. Oder Vertiefungsaufgaben" [Kat. 18, Zit. 38, Interview 7]. Und „vor allen Dingen (…) Aktionseinheiten, wie in Rollenspielen. Ein klassisches Rollenspiel: (…) Der eine ist Patient, der andere ist Therapeut" [Kat. 18, Zit. 39, Interview 7].

Über diese methodischen Techniken wird eine induktive, lernendenorientierte Aneignung der Theorie geleistet. Diese Methodik ist insofern wichtig, als dass sie taxonomisch über die Stoffvermittlung hinausgeht, indem sie einerseits das Online-Geschehen über den Anwendungsbezug belebt und andererseits das bis zu diesem Zeitpunkt theoretisch Gelernte in eine in diesem Fall soziale Anwendung einer Simulation einbettet. Das erzeugt einen emotionalen Anker in der Unterrichtssituation und wirkt so lernförderlich direkt in den fachlichen und überfachlichen Kompetenzaufbau hinein.

Lehrende erweitern in einer zweiten Phase der eigenen Entwicklung die Reflexion und die systemischen Spiegelungen als Ressource für die eigene Optimierung: „Rückmeldungen sind in der Regel gut und wenn nicht gut, dann in der Regel wirklich konstruktiv. Also so, dass ich sage, ja, stimmt, genau, wieso bin ich da nicht selber darauf kommen" [Kat. 19, Zit. 12, Interview 7]. Über diese Erfahrungen integrieren Lehrende das reguläre Befragen der Lernenden meist an das Ende einer Unterrichtseinheit: „Feedback (…) liegt mir sehr am Herzen. (Es) ist manchmal schwierig, wenn man gar keine Rückmeldung bekommt. Das

ist mir ganz wichtig, dass da eine Interaktion ist und die Teilnehmer auch rück-
melden. Ich mache auch immer wieder Feedback-Runden, wo ich jeden auffor-
dere, was zu sagen und jeder mal das Mikro anmachen darf, soll, muss" [Kat. 19,
Zit. 12, Interview 7]. Gleichzeitig ist anzuerkennen, dass „sich die Schüler und
Studenten nicht (trauen), ein ehrliches Feedback zu geben, solang man in der
Macht der Note ist" [Kat. 19, Zit. 18, Interview 7]. Insofern ist darauf zu achten,
Lernende „nach der Ausbildung und wenn die Beziehung zwischen Lehrer und
Schüler zu Ende war, (zu) befragen" [Kat. 19, Zit. 18, Interview 7]. Denn darin lie-
ge ein erhebliches „Einschüchterungspotenzial (erst nach der Benotung kämen)
konstruktive und gute Hinweise raus, seine Teacher Beliefs zu überdenken, zu
reflektieren (…) Und hin und wieder auch bei anonymen Evaluationen" [Kat. 19,
Zit. 18, Interview 7].

Es ist festzuhalten, dass die Beziehung einerseits für die aktivierende Moderation eine Voraussetzung ist. Diese Beziehungsdidaktik gelingt dann, wenn
Lehrende wie Lernende eine gemeinsame Verantwortung für den Unterricht wie
auch den gesamten Lernprozess tragen. Auf der anderen Seite sind Lehrende auf
die Spiegelung angewiesen, die durch direktes situatives Feedback sowie durch
systematische und anonyme Evaluationen nach der Benotung geschehen, um
die Befangenheit der Lernenden zu umgehen. In der Dichte und Dynamik, in
welcher Online-Unterricht stattfindet, sollte darauf geachtet werden, dass die
Rückmeldungen einen Bezug zur jeweiligen konkreten Unterrichtsphase besitzen (z. B. durch eine entsprechende Vorstrukturierung im elektronischen Evalu-
ationsbogen).

Zur Entgrenzung gehört bei den Lehrenden das Wissen um die taxonomische Struktur (und deren Bedeutung) von Lehr- und Lernprozessen. Diese, in
Vorbereitung oder im Nachgang des eigenen Unterrichts zu reflektieren, ist im
virtuellen Kontext aufgrund der genannten Mehrdimensionalität und größeren
Dynamik für die Qualitätssicherung eine Unterstützung. In Fortbildungen und
Schulungen in den „Corona-Schuljahren" 2019/20 und 2020/21 haben wir immer
wieder eine große Bereitschaft bei Kolleginnen und Kollegen für dieses Modell
festgestellt. Deshalb soll es auch an dieser Stelle skizziert werden (s. Abb. 3).

Die Moderation erstreckt sich von der didaktischen Planung und deren taxonomischen Skalierung (in Abb. 3 auf der x-Achse) auf die methodische Ausge-
staltung und damit die soziale Dimension (in Abb. 3 auf der Y-Achse). So ist es in
einem unteren taxonomischen Niveau möglich, Grundlagenwissen wie Begriffe
über Arbeitsblätter zu bearbeiten. Dabei ist die soziale Dimension einer Online-
Situation nicht zwingend notwendig. Demgegenüber sind Referate verwiesen
auf das Feedback aus einer Gruppe. Die höchsten Ansprüche an die Moderation stellen Diskussionen zu Artefakten des Unterrichts, in denen die Lernenden

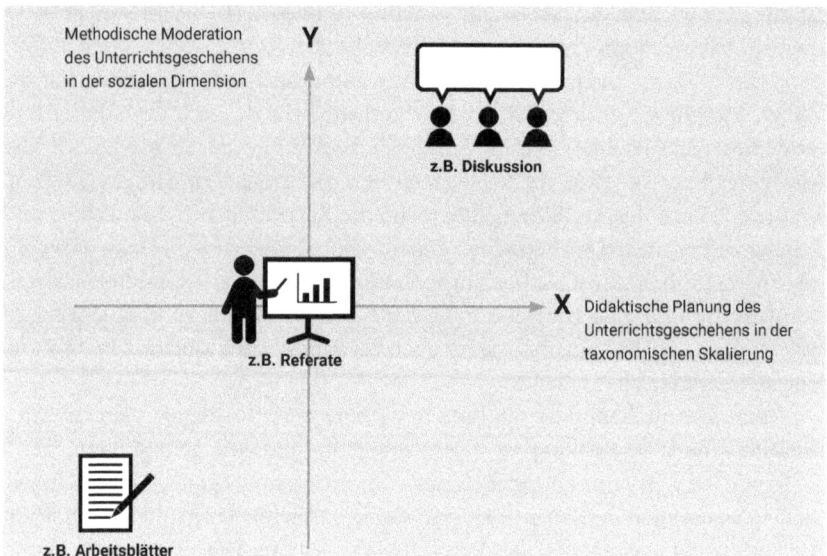

Abb 3:  Soziale und taxonomische Dimensionen der Moderation

sich dem Diskurs und der Kritik des Kurses bzw. der Klasse stellen müssen. Die methodische Frage nach dem „Wie" (vgl. Hanstein/Lanig, 2020b, S. 29–33) ist in diesen Dimensionen jeweils zu unterscheiden. Gelingende Online-Moderation konzipiert diese Abhängigkeiten von taxonomischer und sozialer Skalierung im Vorfeld, indem die Lehrenden diese Aspekte in ihre Unterrichtsplanung integrieren.

Gelingende Online-Lehr- und Lernprozesse integrieren natürlich auch die unterschiedlichen Kenntnisstände der Lernenden. Die Gleichzeitigkeit unterschiedlicher Lernausgangslagen ist eine Herausforderung im Unterricht – nicht nur im virtuellen, allerdings tritt die Heterogenität hier größer zu Tage bzw. wird sie durch eine in der Regel (noch) geringere Beteiligung gerade jener Schüler, die mehr Unterstützung bräuchten, verschleiert. Die Lehrkraft hat die unterschiedlichen Standpunkte zu vermitteln und auch selbst innerlich auszuhalten. Über eine praktisch gelebte Ambiguitätstoleranz kann es ihr gelingen, diese Divergenzen sozial zu moderieren und die Lernenden selbst in einen Austausch dieser Kenntnisstände zu bringen. So werden induktiv Lern- und Praxiserfahrung eingebunden. Diese Moderation gelingt den Lehrenden auf dem Fundament ihres eigenen pädagogischen Erfahrungsvorsprungs und des inkorporierten Wissens. Insbesondere Letzteres ist eine wichtige Funktion, da die allgemeinen Informationen über Wissensbestände während der Unterrichtssituation über Onlinesuche in Echtzeit verfügbar sind. Hier ist einerseits die Ambition zur Orientierung

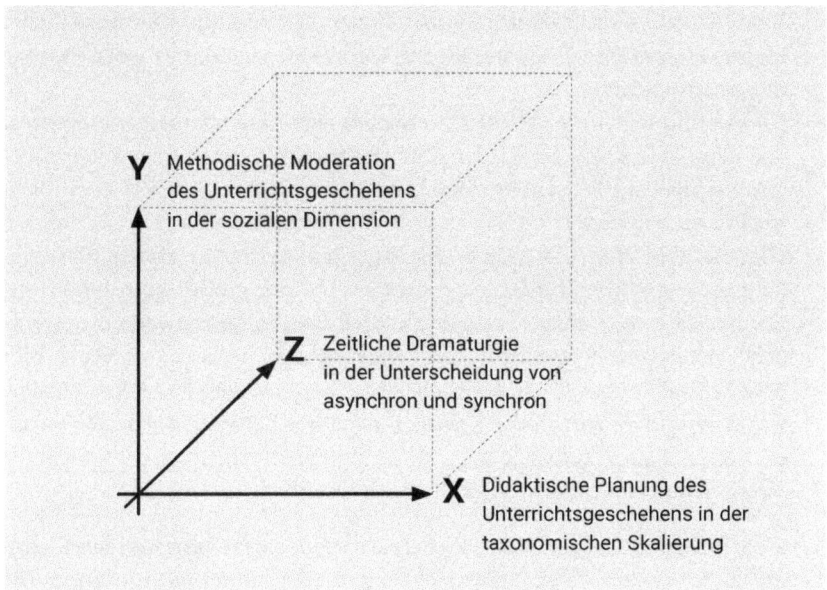

**Y** Methodische Moderation des Unterrichtsgeschehens in der sozialen Dimension

**Z** Zeitliche Dramaturgie in der Unterscheidung von asynchron und synchron

**X** Didaktische Planung des Unterrichtsgeschehens in der taxonomischen Skalierung

Abb. 4:  Soziale, taxonomische und zeitliche Dimensionen der Unterrichtsplanung

in diesen Wissensbeständen gefragt wie andererseits eine Askese seitens der Lehrenden, die Lern- und Praxiserfahrung der Lernenden in einen sozialen, in der Unterrichtssituation moderierten Bezug zu setzen.

Erfahrene Lehrende konzipieren darüber hinaus die Makrostruktur des Lernprozesses selbst. Womöglich offenbarte dies das größte Defizit der „Notlösungen" in der Pandemie, da hier die Didaktik des analogen Unterrichts schlicht in den virtuellen Lernraum hinein reproduziert wurde. Dies ist über die methodische Frage des Unterrichtsgeschehens hinaus eine didaktische Frage. Denn hier plant die Lehrkraft, in welcher Dramaturgie sie die Aneignung die Kompetenzen aufbaut. Diese Überlegung stellt sich als das zentrale Qualitätskriterium in der Übersetzung in die Online-Lehre heraus. Denn nicht zuletzt entscheidet sich in dieser Überlegung, ob und welche soziale Dimension für diese Aneignung förderlich und welche verzichtbar ist.

• In diesen drei Dimensionen wird die Unterrichtsplanung ganzheitlich, da sie in einem Setting des Online-Unterrichts einerseits die *Makrostruktur des Lernens* berücksichtigt wie auch die *Mikrostruktur der Moderation* im Online-Unterricht beachtet.

- Insofern stellen die *didaktischen Abhängigkeiten* von Sozialform, zeitlicher und taxonomischer Dramaturgie ein Kontinuum dar, das in jeder Planung neu zu strukturieren ist.
- Gleichzeitig stellt es ein zukunftsweisendes *entwicklungsorientiertes Konzept* dar, denn jede Klasse und jeder Kurs beginnt im unteren linken Raumsektor, um sich mit fortschreitender Lernerfahrung immer weiter nach oben (rechts) zu begeben.
- Hier ist wiederum beständiges *Feedback* notwendig. In diesem Entwicklungsprozess liegt für die Bildungsinstitutionen eine große Herausforderung. Denn naturgemäß ist das Feedback immer dann hilfreich, wenn die eigentliche Unterrichtseinheit bzw. Lehrveranstaltung „gelaufen" ist. Zwar hilft dem Lehrenden bereits ein kleinschrittiges Feedback am Ende der Termine, zu verstetigen ist jedoch die Reflexion nach der Bewertung. Hierfür stehen mittlerweile gute Feedbacktools zur Verfügung, die institutionalisiert in die eigene Schulentwicklung integriert werden können.

Über die Reflexion und qualitative Weiterentwicklung des „Kerngeschäftes" steht Unterricht im systemischen Zusammenhang mit der jeweiligen Institution. Die „Habituserweiterung" der einzelnen Lehrkraft und eines Teams bzw. Kollegiums von Lehrenden ist damit immer auch rückgebunden an ein System und seine Entwicklung(sbereitschaft). Dieser Aspekt wird im folgenden Teil beleuchtet.

## 3. Entwicklungsphasen der Habituserweiterung

Warum entscheiden sich Kolleginnen und Kollegen für die Lehre und die Beratung? In dieser Frage steht die direkte empathische und auch traditionell physische Nähe zu Lernenden und Klient*innen im Mittelpunkt. Daher ist die zwangsläufige Distanzierung in den Pandemiejahren 2020 und 2021 eine extern „aufgezwungene" Notwendigkeit. In keinem der geführten Interviews ist von einer freiwilligen oder aktiven Entscheidung dezidiert für die Online-Lehre die Rede. Stattdessen wird deutlich, wie sehr sich die Proband*innen mit der neuen Situation zu arrangieren hatten. Dieser Hinweis ist auch deshalb wichtig, weil dieser „Sprung ins kalte Wasser" in dieser kollektiven Breite der üblichen Lernerfahrung Lehrender widerspricht. Was neu eingeführt werden soll – z. B. neue Bildungspläne oder curriculare Strukturen – hat meist einen Vorlauf von mehreren Jahren. Ähnlich verhält es sich in der Fortbildungslandschaft, in der Lehrendenfortbildungen bislang über eine standardisierte Bedarfserhebung abgefragt werden. Diese Tabellen werden weitergereicht, so dass Monate später – oder im Schuljahr darauf – die entsprechende Fortbildung genehmigt und angesetzt

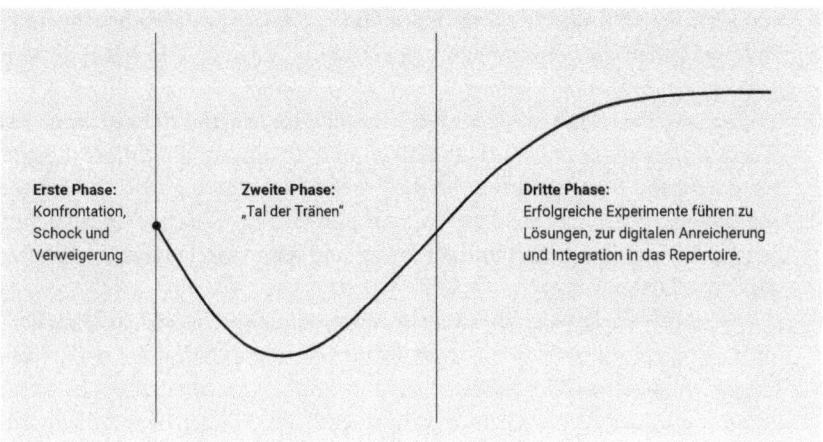

**Erste Phase:**
Konfrontation,
Schock und
Verweigerung

**Zweite Phase:**
„Tal der Tränen"

**Dritte Phase:**
Erfolgreiche Experimente führen zu
Lösungen, zur digitalen Anreicherung
und Integration in das Repertoire.

Abb. 5:    Digitale Integration als systemischer Veränderungsprozess

wird. Vor diesen Abläufen ist es nicht weiter verwunderlich, weshalb zu Beginn des Online-Unterrichts entweder keine bis wenige Fortbildungen stattfanden oder sie auf reine Input-Veranstaltungen reduziert waren. Die hier im Folgenden angeschnittenen Hinweise zur Entwicklung und Erweiterung nehmen daher, über die Transformation bei Kolleg*innen, den Aspekt der systemischen Weiterentwicklung von Bildungs- und Weiterbildungseinrichtungen mit auf.

Grundsätzlich kann konstatiert werden, dass die schulischen Veränderungsprozesse in der Regel nicht als solche erkannt bzw. transparent gemacht und wenn, dann nicht benannt und nicht begleitet wurden (vgl. Hanstein, 2021c). Gleichzeitig ist festzustellen, dass Kolleginnen und Kollegen Kennzeichen von Change Prozessen durch ihr eigenes Erleben (nicht selten auch Erleiden) beschrieben haben – und diese in der Begleitung dann auch an Modellen wie der Change Kurve reflektiert werden konnten. Dabei waren ihnen Visualisierungen eine Hilfe für die eigene Positionierung: „Ich habe mich da gerade selbst gesehen. Verrückt. Als Sie es erklärt haben, haben Sie von mir gesprochen. Das war ich, mit einer Ausnahme, bei dem ..." (O-Ton, Coaching). Beispiel wie diese machen deutlich, wie essentiell diese Spiegelung für die eigene Reflexion der Kolleginnen und Kollegen ist.

Das „sich Arrangieren" kann auch aus den verbalen Daten vorliegender Studie als typische Veränderungskurve in drei Phasen identifiziert werden:

1. Die mit starken Gefühlen der Ablehnung verbundene Konfrontation mit der neuen Situation: Hier wird ausgedrückt, wie „widernatürlich" die *technische Distanzierung* des Unterrichtsgeschehens über die Online-Medien empfun-

den wird. Typisch sind in dieser Phase Äußerungen, die das Lehrhandeln in Online-Medien als befremdlich, irritierend bis „unecht" und irreal darstellen.

2. In einer zweiten Phase praktizieren Lehrende ihren Unterricht in einer Art „Tal der Tränen". Es entstehen Praktiken und Lösungen, die Minimallösungen darstellen. Man denke nur an die großflächige und tägliche Versorgung von Schülerinnen und Schülern mit Arbeitsblättern. Gleichzeitig entstehen peu à peu Aneignung und Ritualisierung und damit ein langsamer Aufstieg aus dem „Tal der Tränen".

3. In einem dritten Entwicklungsschritt führen die *Experimente* zu brauchbaren Lösungen, die sich in einer *digitalen Anreicherung* und einer *digitalen Integration* des Unterrichtsgeschehens mit (Online-)Medien zeigt. In dieser Phase – und das ist der Grund, warum diese Phase über dem Anfangszustand liegt – ist das Unterrichtsgeschehen aktivierender, der medialen Situation angemessen und so für alle Beteiligten eine akzeptablere Lösung.

Diese drei Entwicklungsphasen entsprechen dem auch in anderen Veränderungsprozessen festgestellten Verlauf (vgl. Hanstein/Lanig 2020b, S. 86). In Beratungsprozessen ist daher darauf hinzuweisen, diese Veränderungskurve als Schema der Anpassung zu antizipieren. Es wird den Klientinnen und Klienten helfen, in einer Beratung (die meist im ersten Jahr der Veränderung im „Tal der Tränen" stattfindet), eine positive Perspektive in eine hybride Zukunft der Lehre zu zeichnen. Im kollegialen Coaching ist – erst – nach dem durchlebten und – best case auch begleiteten – „Tal der Tränen" die Phase der Visionsarbeit angesagt.

Typisch in der zweiten Phase und den Beratungen ist, dass Klientinnen und Klienten die Relevanz der Unterrichtskonzepte und insbesondere technischen Hinweise infrage stellen – und dies auch dürfen sollten. Schließlich benötige man dieses Wissen nicht mehr, sobald die gewohnte physisch-analoge Form in (Hoch-)Schulen und/oder der Beratung wieder möglich sei. Darin schwingt der allzu menschliche Gedankengang mit, dass diese „Krise" lediglich eine temporäre Anpassung notwendig machte. Danach könne man wieder zurück zum Status Quo gehen.

Das ist strukturell deswegen flächendeckend unrealistisch (was nicht heißen soll, dass es Schulen gibt, die es versuchen werden), da die Bildungssysteme mittlerweile zu besseren Lösungen gekommen sind. Diese liegen in einer unterschiedlich ausgeprägten hybriden Anreicherung des Lern- und Beratungsprozesses. Die Strategien der digitalen Anreicherung oder auch schon Integration liegen vor allem auch in einer bewussten Konzeption des Lernprozesses auf der Makroebene. Diese induktiv gewonnenen Konzepte geben den Lehrenden die

Resilienz, die fordernden Situationen im Unterrichtsgeschehen aus einer fortgeschrittenen Perspektive zu betrachten. Wie die Lernenden selbst stellen sich die Lehrenden durch eine Anpassung auf die neuen Herausforderungen ein:

1. Auf der Ebene der eigenen *Arbeitsorganisation:* etwa dadurch, sich durch eine eigene Ritualisierung auf die Online-Phasen einzurichten und diese entsprechend – inhaltlich wie mental – vorzubereiten.
2. Auf der Ebene der *räumlichen Metaphern* und der damit einhergehenden Raumstruktur: indem Lehrende sich einen eigens für die Online-Lehre benutzten Ort einrichten, um die Trennung von privatem und halböffentlichem Raum zu verwirklichen.
3. Auf Ebene der *kollegialen Kooperation:* z. B. dadurch, dass sich in unterschiedlichen Graden der Systematisierung und Institutionalisierung über Erkenntnisse aus den Experimenten ausgetauscht wird.

Insbesondere die letzten zwei Anpassungsebenen – wobei die letzte eine entsprechende Kultur an der (Hoch-)Schule voraussetzt – bewirken eine nachhaltige, auf die Identität wirkende Veränderung im beruflichen Selbstbild. Denn im Ergebnis ist die berufliche Überzeugung des Lehrens und Beratens eine andere, als sie vor dem Veränderungsprozess war. Dies betrifft instrumentelle und praktische, aber auch epistemische Fragen, wie Wissen entsteht und weitergegeben wird. Diese Erkenntnisse und Reflexionen könnten zu wichtigen pädagogischen Grundsatzthemen im Kollegium – z. B. am nächsten „pädagogischen Tag" – werden. Die kann insofern ergiebig sein, da ein Lehrer*innenkollegium immer auch ganz verschiedene Generationen beinhaltet. Diese unterscheiden sind nicht nur hinsichtlich des Alters, sondern auch bezüglich der pädagogischen Tradition. Die Digitalisierung, in die alle – unabhängig von Alter und pädagogischer Schule – einzusteigen hatten, lässt pädagogische Konzepte in einem neuen Licht erscheinen. Beispielhaft stellt sich die Frage, inwiefern die konstruktivistische Didaktik für den Online-Unterricht geradezu prädestiniert erscheint oder wie weit Handlungsorientierung im virtuellen Raum möglich ist – und was es dazu braucht: an Räumen, Strukturierung, Resonanz, Vertrauen, aber v. a. auch pädagogischer Haltung.

In der dritten Phase folgt eine langfristige Veränderung in den eingesetzten Instrumenten und dem Repertoire des Handelns im Sinne einer digitalen Integration. In dieser Phase gelingt es den Lehrenden und Beratenden, medientechnologische Mittel als selbstverständliche Grundlage in den Prozess zu integrieren. Diese Integration verläuft höchst individuell. Die Experimente verlaufen ebenfalls in einer isolierten „Blase". Gerade deswegen ist ein institutionalisierter und verstetigter Wissenstransfer in den Kollegien – etwa über das kollegiale

Coaching – unbedingt zu empfehlen. So kann es gelingen, diese Erkenntnisse, Praktiken und Diskurse für die Institution und Organisation zugänglich zu machen.

Konzeptionell zeigt sich die Habituserweiterung über den schrittweisen Aufbau einer Kompetenz, die zu Beginn der Entwicklung als brüchig erfahrene Kontaktaufnahme über das Medium zu den Lernenden und/oder Beratenden aufzubauen. In diesem Punkt ist die oben konstatierte Verbesserung zu sehen: In der Individualisierung und der naheliegenden logistischen Überbrückung von Zeit und Raum. Darin liegt die Begründung, warum der Zustand nach dem Entwicklungsprozess ein reicheres Repertoire für die Lehre und die Beratung erzeugt. Aus diesem Grund ist es auch unwahrscheinlich – zumindest wäre es höchst unlogisch und auch unvernünftig –, dass das Bildungssystem in diesen Zustand zurückfällt.

Eine Voraussetzung für die Bestätigung dieser Hypothese ist allerdings, dass das Wissen aus der Begleitung organisatorischer Change-Prozesse auch in (hoch-)schulische Prozesse der „digitalen Anreicherung" und „digitalen Integration" eingebracht wird. Eine Erfahrung hier lautet: Die allermeisten Veränderungsprozesse werden vor dem Beginn der „dritten Phase" abgebrochen. Die Begründung: Es wird nicht oder zu wenig auf die emotionale Betroffenheit der Mitarbeitenden geachtet. Gute Vorgesetzte und Teamleiter*innen wissen, dass an dieser Stelle des Veränderungsprozesses keine neuen Ziele aufgestellt werden dürfen. Stattdessen muss den Erfahrungen und auch besonders den Emotionen der Beschäftigten Raum gegeben werden. Wo dies im ersten Lockdown gelungen ist, sind relativ schnell schulinterne Konzepte entstanden. Wo es versäumt wurde, die Lehrenden durch das Aussprechen ihrer ersten – auch und insbesondere – fragilen und verstörenden Erfahrungen „mitzunehmen", wurden ggf. Chancen für die Schulentwicklung vertan. Diese Schulen womöglich „wurschteln bis heute an den Sachen herum", was aber „auch kein Wunder" sei, man habe „sich ja nicht für unsere Erfahrungen interessiert (...) keiner hat da mal irgendwas gefragt, wie es bei mir im Fernunterricht überhaupt läuft" (O-Ton, Coaching). Erfahrungen wie diese verweisen auf den – durchaus nicht einfachen – Balanceakt zwischen resonanter, fragender Führung und Vertrauen. Die Wahrnehmung des „Wer bin ich, wenn mich niemand anschaut" (siehe oben) aus dem Online-Unterricht lässt sich damit auch organisatorisch auf das Lernsystem Schule übertragen; bzw. die mit der Corona-Pandemie hier und da offensichtlich aufgebaute Distanz zwischen Leitung und Kollegium spiegelt dieses Phänomen virtueller Arbeitswelten. Umso wichtiger erscheint es, solche Umstände im Übergang zu hybriden Formaten zu relativieren.

Eine weitere Erfahrung heißt: Es gibt keine Linearität, Phasen können – und werden – sich wiederholen. Und: der Prozess ist individuell sehr unterschiedlich. Die Stärkung des „Wir-Gefühls" ist daher unerlässlich, was mit dem „Sprung ins kalte Wasser" besonders wichtig gewesen wäre. Die meisten befragten Lehrkräfte haben sich aber mit der Situation relativ allein gelassen erlebt.

Und drittens: Im Veränderungsprozess darf es keine Sprechverbote geben. Experimente sind ausdrücklich erlaubt. Lehrkräfte berichteten von Sätzen wie diesen: „Dafür gibt es keinerlei Legitimation, wir werden als Beamte dafür bezahlt nach Regeln zu arbeiten" (O-Ton, Coaching). Erfolgreich auf dem Weg zur „digitalen Integration" vorangekommen sind jene Schulen, die ausprobiert und ihren internen Entscheidungsraum maximalst ausgereizt haben. Abgehängt werden jene sein, die auf „Anweisungen von oben" gewartet haben. In einem Wort: Krisenkompetenz ist die entscheidende Größe, um den Sprung, „raus aus dem digitalen Steinzeitalter" (Handke, in: Hanstein/Lanig, 2020b, S. XI) nachhaltig zu leisten.

# III. Unterstützungsbedarfe und Lösungsansätze

In der Beobachtung der letzten Schuljahre liegen die Gefühle Hoffnung und Frustration nahe beieinander. Kolleginnen und Kollegen, die eine Blaupause für „gute Online-Lehre" suchen, zeigen sich in Schulungen und Beratungen schnell enttäuscht: Für eine aktivierende und instrumentell souveräne Online-Lehre gibt es keine – im Bild gesprochen – „Kopiervorlagen" oder „Rezepte". Was zu Beginn – mit technischen Hinweisen zu aktuellen Tools und Apps – noch funktionieren mag, muss zwangsläufig der Erkenntnis weichen, dass jeder sich sein eigenes Repertoire selbst zusammenstellen muss. Dass diese Erfahrung bei Lehrerinnen und Lehrern, die auf klassischem Wege zum Lehrberuf gekommen sind, ein regelrechtes Déjà-vu-Erlebnis auslösen kann, verwundert nicht. Denn es vermittelt jenes Gefühl, das sie allzu „gut" – und manchmal auch nicht frei von gewissen traumatischen Erlebnissen – von ihrem beruflichen Einstieg kennen.

Der gelingende Wechsel zwischen analogem und digitalisiertem Unterricht ist ebenso ein nicht absehbarer, individueller Entwicklungsweg. Und aufgrund dieser Parallelerfahrung ist hier auch ein wesentlicher Ort für Formate kollegialen Coachings. Dass es keine deduktiv zu verwirklichende „Musterlösung" gibt, sehen wir jedoch in einem positiven Licht: Wären die Einflussfaktoren auf epistemischer, technologischer und sozialer Ebene nicht so komplex, wäre die vor uns Lehrenden liegende Herausforderung vergleichsweise trivial bzw. auf eine technische Vermittlung reduziert. Das würde die grundsätzliche Herausforderung guten Unterrichts verwässern. Aus diesem Grund zeigen wir die aus unserer Sicht wesentlichen Unterstützungsbedarfe auf und knüpfen an diese Herausforderungen Lösungsansätze zu deren Gelingen. In dieser vorsichtigen Formulierung der Lösungsvorschläge bringen wir zum Ausdruck, dass diese auf die individuelle und auch institutionelle Situation anzupassen sind.

## 1. Vorbereitung vs. Reflexion

In der Weiterbildung des analogen Unterrichts hin zu neuen Online-Formaten verläuft die Argumentation oft über die präzise Unterrichtsplanung. Das ist sinnvoll, um in der kollegialen Beratung über das „Storyboard" des Unterrichts diskutieren zu können. Andererseits ist es gerade ein Qualitätskriterium lebendigen Unterrichts, dass jede Stunde in ihrem Verlauf einmalig ist.

Um den Begriff der „Einmaligkeit" über einen Vergleich zur Musik zu beleuchten: Der Jazzmusiker Miles Davis erhob die Improvisation im Studio zum

Prinzip, indem er die Aufnahmen stets nur ein einziges Mal aufnahm. Zusätzlich lud er spontan weitere Musikerinnen und Musiker ein, um seine Kompositionen noch komplexer und spontaner werden zu lassen. Sicherlich hat dieses Beispiel keine Allgemeingültigkeit, denn auch andere Virtuosen wie Jimi Hendrix oder die Beatles haben über eine minutiöse und besessene Perfektion des Arrangierens gleichermaßen eine Lebendigkeit erreicht.

Diese Beispiele deuten aber an, dass guter Unterricht, ob nun analog oder online, „atmen" will. Um in diesem Bild zu bleiben: Atmen kann Unterricht – als Beziehungsgeschehen – nur, wenn er auf der Planungsebene nicht „festgezurrt" wird, das heißt, wenn zwischen Ziel und Realität ein Freiraum liegt. Die eigentliche Zielsetzung einer guten Vorbereitung ist die gekonnte Improvisation und die situative Reaktion auf die Lernenden. Konkret gesprochen: das – innere – Vermögen, den Verlaufsplan zur Seite legen, sich in der Aktion von ihm lösen und diese Bewegung im Nachgang als situativ stimmig reflektieren zu können. Hier steht der analoge Unterricht Pate: Was sich hier so leicht anhört, braucht in der Praxis mehrere Jahre – davon wissen Junglehrerinnen und Junglehrer bei ihrem Onboarding hinreichend zu berichten. Gleichzeitig ist es Teil der Phänomenologie des Online-Unterrichts, dass diese Zeitdimensionen sich verkürzt haben; Phänomene, die einen zusätzlichen Anspruch und Stressfaktor darstellen.

Die Bildungsforschung räumt der Zeit, die die Lehrperson in die Planung und Vorbereitung der Lehrveranstaltung investiert, die zweithöchste Stelle ein. Diese Variable liegt mit einer Effektstärke von 1,39 weit vor den Zusammenhängen von medialen Unterstützungen im Unterricht. So rangiert die Ergänzung von analogem Unterricht durch digitale Medien mit einer Effektstärke von 0,37 im hinteren Bereich der Einflussgrößen auf den Lernerfolg. Dieser Zusammenhang wurde von Schneider & Mustavic in 166 Einzelstudien untersucht und zu einer Meta-Analyse zusammengefasst (vgl. Schneider/Mustavic, 2015, S. 15–18). Dabei wurde der Zusammenhang zwischen Vorbereitungszeit und Unterrichtsqualität in dieser Studie in 32 Einzelstudien untersucht (vgl. ebd.). Unsere eigene Befragung unter Lehrenden bereits in der ersten Phase des pandemiebedingten Lockdowns ergab, dass 66,7% aller Lehrenden bis zu 40% der Unterrichtszeit für die Planung dieser Online-Stunden aufwandten, 19,3% bis zu 60% der Unterrichtszeit und 10,5% sogar darüber. Nur 3,5% aller Kolleginnen und Kollegen kamen mit bis zu 10% der Unterrichtszeit für die Vorbereitung aus (vgl. Hanstein/ Lanig, 2020b, S. 337).

Da die empirisch abgesicherte Voraussetzung eines guten Unterrichts über eine gute Vorbereitung ein alltäglicher, lehrpraktischer Konsens ist, ist dieser Zusammenhang in der bereits zitierten „Blase" des Online-Unterrichts zu differenzieren: Bekommt die Lehrperson im physischen Kontakt mit den Lernenden

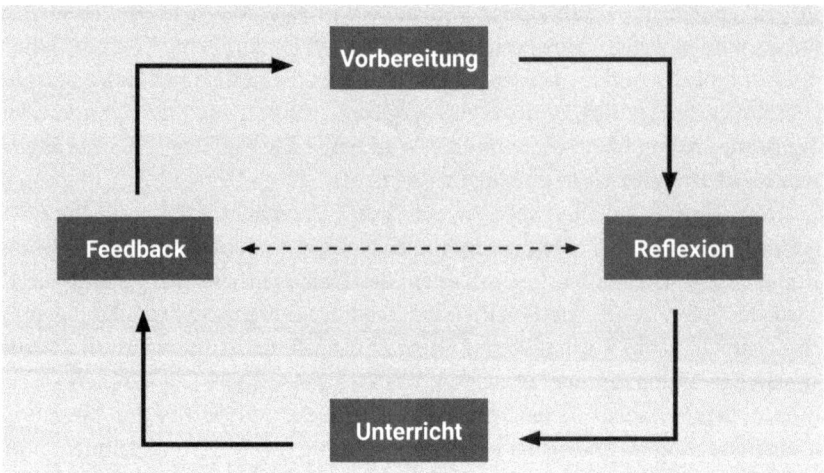

Abb. 6: Zyklus zwischen Vorbereitung und Reflexion

ein körperlich erfahrbares Feedback aus der Situation selbst heraus, ist dies in der isolierten Situation vor der Webcam nur über Umwege möglich. Insofern gehört zu einer guten Vorbereitung der anstehenden Unterrichtseinheit eine Reflexion der vergangenen Lerneinheit. Das mag selbstverständlich klingen, ist aber aufgrund der nur indirekt feststellbaren eigenen Wirkung ein spezifisches Arbeitsprinzip der Online-Lehre.

Dies müssen nicht allgemeine oder selbstkritische Fragen sein, sondern sie können den Ausgangspunkt in der indirekten Beobachtung oder der direkten Befragung der Lernenden haben.

In der zweiten Ebene erwächst aus diesem Arbeitsprinzip ein empirisch gewonnener Wirkungszusammenhang: Lernende schätzen allgemein verfügbare Wissensressourcen (etwa Texte, Video Tutorials, Fachliteratur, etc.) als weniger relevant ein als individuell auf den Lernbedarf und die Unterrichtssituationen zugeschnittenen Medien (vgl. Lanig, 2019). Insofern wird die Reflexion der vergangenen Lehrveranstaltungen in der Vorbereitung der anstehenden Unterrichtssituation zur Bedingung, auf diese Bedarfe aufmerksam zu werden und diese individuell in die nächste „Lernberatung" mitzunehmen.

Nicht zuletzt ist in diesem Punkt die so individualisierte Online-Lehre mit dem Coaching enger verwandt als die standardisierte und auf Allgemeingültigkeit optimierte „Beschulung" –

dieser Grundsatz ist für den Online-Unterricht stark zu betonen, berichten Lernende wie Lehrende nicht selten von zu vielen und zu langen Phasen des Dozierens. Die eigene Befragung unter Lehrenden in der ersten Phase des pandemiebedingten Lockdowns ergab, dass 39, 6% der befragten Lehrenden im Mittelmaß 3 Methoden in ihrem Online-Unterricht anwendeten – alle anderen Nennungen liegen deutlich und verstreut darunter (vgl. Hanstein/Lanig, 2020b, S. 334). Die Bedarfe für eine systemische Spiegelung des Unterrichtsgeschehens im kollegialen Coaching drängen sich daher nicht nur aufgrund der systemischen Geschlossenheit der „Blasen" auf. Wir haben bereits früher festgestellt, dass Lernende individualisierte Impulse und Ressourcen effizienter in den Lernprozess integrieren als allgemeine Wissensbestände (vgl. ebd.). Insofern gilt (siehe oben) „Induktion vor Deduktion" – das trifft ebenso auf Lehrende zu, die in einer systemischen Spiegelung ihre Wirkung „außerhalb ihrer eigenen Blase" reflektieren – und antizipieren. Das zeigt nicht nur die evidenzbasierte Bildungsforschung. Dies bestätigen auch die verbalen Daten der in diesem Buch vorgestellten Studie. Daher beschäftigen wir uns im folgenden Kapitel mit der Lehrenden-Rolle in Online-Kontexten.

## 2. Rolle vs. Flexibilität

Die Rollen und Funktionen sind in der Online-Lehre vielfältiger als im analogen Kontext. Das berichten die befragten Kolleginnen und Kollegen. Die Lehrperson wird, wie oben bereits festgestellt, aus Sicht der Lernenden zum „Touchpoint" für die Institution. So reicht nicht selten die Rolle von der Vertretung der Leitungsebene bis hin zum „digitalen Hausmeister", etwa wenn es um die Funktionsfähigkeit der unterschiedlichen Zugangswege zum Online-Unterricht geht.

Der Reflexionsbedarf für diese neue Vielfalt liegt darin, die digitale Präsenz in all diesen Rollen und Funktionen kompetent und authentisch zu füllen. Da die physische Präsenz im Raum für die Repräsentanz der hierarchischen Stellung einzelner Personen fehlt, kommt der Moderation und der jeweiligen Einordnung der Interaktion eine weit wichtigere Stellung zu. Denn die jeweilige Rolle erschließt sich nicht ohne weiteres aus der Situation. Deutlich wurde dieser Zusammenhang in der Irritation, dass im Coaching die beratende Funktion und die jeweilige Rolle in der institutionellen Hierarchie Befangenheiten birgt (vgl. auch im Kapitel „Hierarchie: Sargnagel für pädagogische Freiheit und vertrauliches Coaching?").

Im konkreten Unterrichtsgespräch bedeutet dies eine konsequente Trennung dieser beiden Ebenen: Eine Moderation auf Meta-Ebene muss klarstellen, was der Zweck im konkreten Unterrichtsziel ist oder ob eine Kommunikation einem administrativen Zweck dient. Konkret bedeutet dies, dass den Lehrenden die Rolle des „Regisseurs" und „Moderators" zuwächst. Diese Ebene ist allerdings nicht „nur" zu füllen, sondern sie muss auch (neuartig) ins Wort genommen

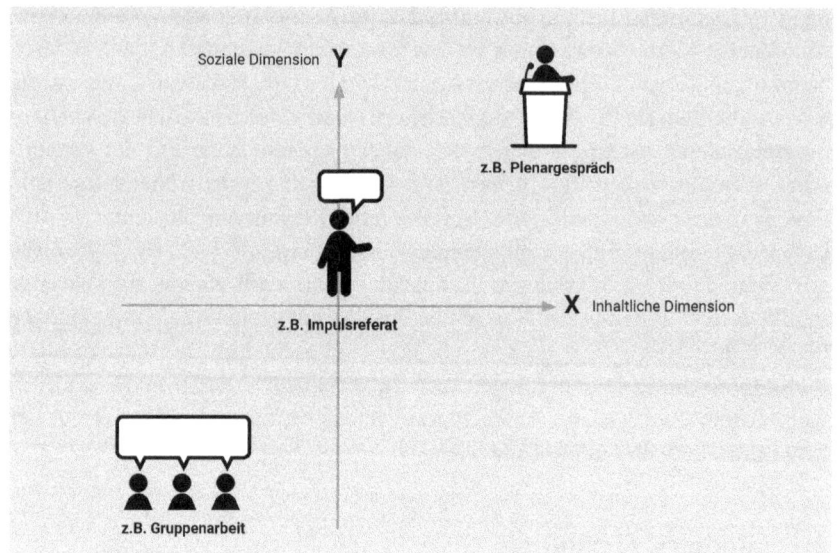

Abb. 7:   Differenzierung der Lehrendenrolle zwischen sozialer und inhaltlicher Dimension

werden. Andererseits sind neue Irritationen vorprogrammiert. In Coachings ist immer wieder zu beobachten, wie dieser Rollenwechsel reflektiert und trainiert werden kann – und dann auch zu einer größeren inneren Sicherheit bei den Lehrenden führt. Diese wird von Lernenden in aller Regel gespiegelt, ebenso wird sie erkennbar in der Atmosphäre und in ausbleibenden organisatorischen Fragen.

Hier kann hilfreich sein, das bereits bekannte Koordinatensystem zwischen Sozialformen und dem Inhalt zur Verdeutlichung dieses systemischen Zusammenhangs heranzuziehen (s. Abb. 7).

So ist die digitale Präsenz im Inputreferat ausgeglichen, da die Lehrperson Inhalte zu vermitteln hat, die in einer Resonanz mit den Lernenden gewissermaßen ausgehandelt werden müssen. Anders verhält es sich aber in der Gruppenarbeit, in der die Lehrperson abgesehen von der Anmoderation und der Aufgabenklärung „außen vor" ist. Auf einer gleichermaßen hohen Intensität auf der sozialen wie inhaltlichen Dimension ist ein Plenumsgespräch angesiedelt, das die Lehrperson als Moderator*in oder Administrator*in führt. Hier muss ein inhaltliches Ergebnis sozial diskutiert werden. Nicht zuletzt ist dies für Lehrende in der Online-Lehre sehr fordernd.

Diese Vielfalt und die oftmals damit einhergehende Stresssituation lässt sich über die Technik des „didaktischen Zimmers" antizipieren. Hier werden

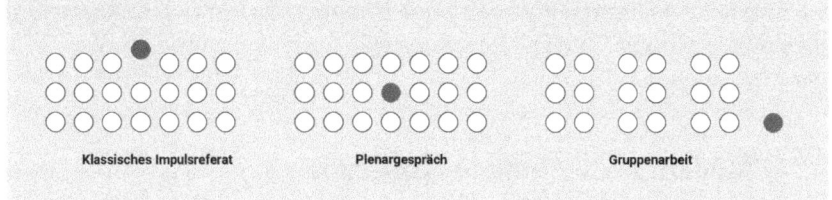

Klassisches Impulsreferat · Plenargespräch · Gruppenarbeit

Abb. 8: Visualisierungen der Rollenvielfalt in der Online-Lehre

die Ziele der jeweiligen Unterrichtssequenz separat geplant. Über eine solche Differenzierung wird es möglich, die geplanten Ziele und notwendigen Mittel vorzubereiten und damit ein Bewusstsein über die notwendige Art der digitalen Präsenz vorwegzunehmen. Die Bezeichnung „ZIMMER" ist eine Abkürzung für die Unterrichtsdimensionen „Ziele und Inhalte", „Methoden und Medien" sowie „Erfolg und Reflexion":

Tab. 1: Beispiel einer Unterrichtsplanung mit dem „didaktischen Zimmer"

| Zeit | Ziel + Inhalt | Methode + Medien | Erfolg + Reflexion | Anmerkung |
|------|---------------|------------------|--------------------|-----------|
| 9.00 Uhr | Die Lernenden stellen sich mit einem sprechenden Gegenstand vor. | Die Lernenden zeigen jeweils in Großansicht einen Gegenstand in die Kamera. | Die Lernenden offenbaren paraverbale Aspekte, an die angeknüpft werden kann. | Lehrperson kommuniziert mit der Gruppe. |
| 9.20 Uhr | Überprüfung der vorangegangenen Unterrichtsziele. | Namentliches Aufrufen über die Anwesenheitsliste und einem vorbereiteten Foliensatz. | Auswertung der Ergebnisse und Besprechen der Lerneffizienz. | Lehrperson kommuniziert mit Individuen. |

Die Planungstechnik des „didaktischen Zimmers" stellt sicher, dass einerseits die Rollen der Lehrperson bewusst gemacht werden und dass andererseits die für die jeweilige Unterrichts- oder Beratungssequenz notwendigen technischen Medien und Einstellungen vorbereitet sind.

Ein Beispiel: Es macht einen Unterschied, ob die Lehrperson eine Vorstellungsrunde im gewohnten Layout der Kamerabilder im Videokonferenzsystem abhalten will oder zu diesem Zweck auf eine andere Plattform wechselt. Die Rolle der Lehrkraft in der Moderation wird damit automatisch eine andere. Umgekehrt kann es dann wirkungsvoll sein, aus einer mehr gruppendynamischen Situation in eine stärker hierarchisch strukturierte Unterrichtssituation zu wechseln, weil es z. B. um die inhaltliche Klärung einer Hausaufgabe geht.

Eine weitere Lösungsdimension hat sich im begrifflichen Gegensatzpaar „Individuum – Gruppe" gezeigt, die naturgemäß auch eine anders geartete Form der Interaktion mit sich bringt. Dies soll im folgenden Kapitel erläutert werden.

## 3.   Moderation vs. Individualisierung

In der obenstehenden Tabelle 1 ist in der rechten Spalte die kommunikative Situation vermerkt. Wir haben auf den Bedarf hingewiesen, dass Lehrende diese Rollen flexibel wechseln müssen. Dies ist zunächst nicht neu, denn im analogen Unterricht wechseln diese Rollen ebenso und bedürfen einer Kommentierung auf der Metaebene, zum Beispiel: „Ich sage das jetzt als Praktikerin – ich sage das jetzt als Lehrer." Diese Rollenwechsel sind nicht zuletzt für das „Sandwichen" der Unterrichtseinheiten wichtig. Neu daran ist aber, dass die Lernenden im Online-Kontext die Dramaturgie des Rollenwechsels nicht ebenso scharf abgetrennt wahrnehmen (können). Das Unterrichtsgeschehen ist eingebettet in einen gleichförmigen „Stream". Es braucht daher eine neuartige – pointierte und entschleunigte – Qualität in der Moderation durch die Lehrkraft. Das Medium dieses Kontakts ist das Werk bzw. das im Unterricht entstehende „Artefakt". Diese Argumentation führt uns über den Aspekt der Individualisierung.

Individualisierung kann hier als Gegenbegriff zur Kommunikation mit einer Gruppe von Lernenden gefasst werden. Darin liegt das größte Potenzial der Digitalisierung: Das aus der Geschichte der Schulentwicklung stammende Prinzip der Konformisierung bekommt mit dem Digitalisierungsschub der „Corona-Jahre" einen leistungsfähigen pädagogischen Gegenentwurf. Dieser Gegenentwurf liegt effektiv darin, dass er schon jetzt – unbewusst und zumeist unreflektiert – praktiziert wird. Bisher lag in der Individualisierung von Lehrinhalten der Charakter eines Konzepts und damit einer idealistischen Hoffnung, die meist am pädagogischen Alltag der für dieses Ziel zu großen Klassen scheiterte.

Insbesondere beim sozialen Lernen in Online-Kontexten ist die „Schnittstelle" zwischen Lernenden und Lehrenden das Werk bzw. Artefakt. Auch dies ist nichts Neues – die Lesbarkeit des im Unterricht entstehenden Artefakts ist für die Lehrperson das zentrale Medium, um die Tiefe der Beschäftigung mit den Lehrinhalten beurteilen zu können und auf der entsprechenden taxonomischen Stufe deren Anwendung in ein Probehandeln zu überführen. Neu ist die Ausschließlichkeit dieses Werks bzw. Artefakts, damit die Lernenden untereinander sowie mit dem Lehrenden bzw. der Lehrenden in Kontakt zu kommen. Denn im Artefakt werden einerseits die Inhalte sichtbar. Andererseits bieten die Werke eine Ebene für den sozialen Austausch. Das Werk steht dabei für das Ergebnis,

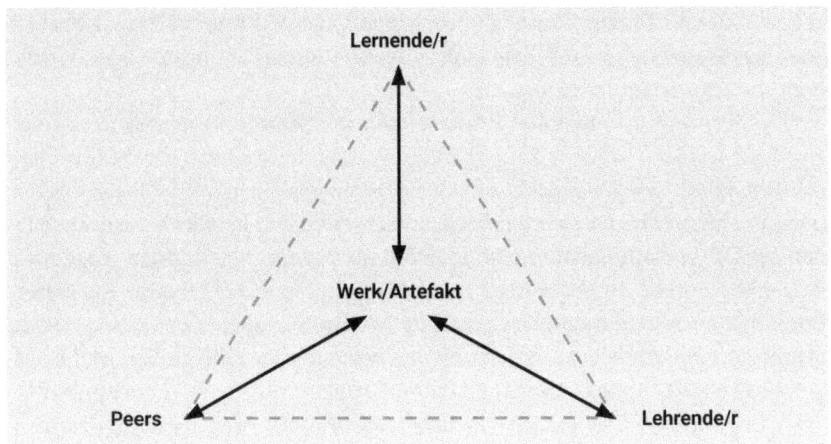

Abb. 9: Das Werk/Artefakt als Zentrum des didaktischen Dreiecks in der Online-Lehre

das Artefakt ist meist ein Arbeitsstand, über den ebenso gesprochen werden muss und soll (vgl. Lanig, 2019).

Ein Beispiel: In einem ersten Semester eines Online-Studiums wird eine Reihe von Übungsaufgaben gestellt. Diese sind über die Aufgabenstellung so konstruiert, dass die Lernenden über die Aufgabenstellung ihr Vorwissen, ihre berufliche Erfahrung und teilweise auch persönliche Themen einbringen müssen. Durch die regelmäßige, ritualisierte Präsentation dieser Übungen entsteht – obwohl sich die Studierenden niemals in Präsenz kennenlernen konnten – eine regelmäßig als überraschend festgestellte Vertrautheit unter den Lernenden. Deshalb ist die direkte Verbindung zwischen den Lernenden und Lehrenden nur gestrichelt dargestellt. Die als Doppelpfeile dargestellten kommunikativen Beziehungen über das Werk begründen sich aus den Äußerungen, die auf dem Umweg der Übungen offenbart werden. Es ist diese Kommunikation im Handlungskontext, welche die digitale Präsenz schaffen.

Insofern ist das Werk bzw. das Artefakt ein Medium für die digitale Präsenz: Zwar ist in der Distanz zunächst ausgeschlossen, eine direkte physische und empathische Nähe herzustellen. Aber über den „Umweg" ist es sogar möglich, neue und weitere Aspekte der digitalen Präsenz zu kultivieren. Die Reflexion dieses Geschehens schaffen eine Art neue Verbundenheit, wie sie dem virtuellen Raum zum gegenwärtigen Zeitpunkt zumeist noch abgesprochen wird. Dieser praktische Widerstand ist unseres Erachtens noch immer ein Reflex auf die Veränderungsdynamiken, die mit dem Frühjahr 2020 auf Hochschulen und Schulen eingerollt sind. Wo sich daraus eine (erste) Offenheit zu erkennen gibt, kann dieser

Weg auf der Grundlage des angesprochenen Change-Prozesses (vgl. Hanstein, 2021b) reflektiert und im (Team- und Organisations)-Coaching – auch virtuell (vgl. ebd., 2021a) begleitet werden.

Das Konzept der digitalen Präsenz kann im Grunde nicht vollständig verwirklicht werden, wenn es keine handlungsorientierte Ebene für die Kommunikation gibt. Diese darf nicht auf einer allgemeinen Ebene verbleiben, sondern muss in einer individualisierten Form an die jeweiligen Personen zurückgebunden sein. Erst dann entsteht eine Identität als Lerngruppe und ein tragfähiger Beziehungsaufbau zwischen den Lernenden wie auch Lehrenden. An diesem Punkt hat auch eine rhetorisch gekonnte Moderation seine Grenzen – dies begründet an dieser Stelle auch den von den interviewten Kolleginnen und Kollegen propagierte Optimalteiler für Online-Gruppen mit ca. 15 Teilnehmerinnen und Teilnehmern. Das entspricht nicht von ungefähr den meisten Gruppengrößen im Wechselunterricht. Diese Größe bei den Unterrichtsplanungen der kommenden Schuljahre und Semester – unbedingt – zu berücksichtigen, wäre ein (erster) organisatorischer Lernerfolg der aktuellen Phase der Erprobung hybrider Unterrichtsformate.

Insofern ist an dieser Stelle festzuhalten, dass ohne die Individualisierung und über den Umweg des Werks/Artefakts digitale Präsenz schlichtweg nicht gelingen kann. Das mag ernüchternd klingen und bedeutet im Umkehrschluss nicht, dass die physische Präsenz hochwertiger wäre als die digitale Präsenz in der Online-Lehre. Es erklärt aber, warum viele Unterrichtssituationen im Allgemeinen schweben bleiben und dadurch keine lebendige Verbindung zu den Lernenden aufzubauen vermögen. Der alte Grundsatz, dass individuelles und kooperatives Lernen zusammengehören (vgl. Klafki, 1986), bekommt im virtuellen Raum insofern eine ganz neue Relevanz.

Die physische Distanz in Online-Formaten hemmt die Effizienz der Vermittlung. Das Argument der funktionalen Effizienz ist in der Debatte um den Wechselunterricht sowie dessen zwangsläufige Digitalisierung ein Dreh- und Angelpunkt. Die Effizienz-Diskussion möchten wir in eine bildungstheoretische Debatte stellen. Denn die Effizienz in der Online-Lehre kann nicht der einzige Zweck der Schule, Hochschule sowie Fort- und Weiterbildung sein, wenn die Institution Schule einen ganzheitlichen Erziehungs- und Bildungsauftrag hat.

## 4.    Effizienz vs. Welterschließung

Mit welchem Bildungsverständnis gehen Lehrerinnen und Lehrer in ihren Beruf? Mit welchen epistemischen Überzeugungen begegneten uns die Lehrenden in der Online-Lehre? Im vorangegangenen Kapitel „Entgrenzende Online-Lehr-

Lern-Szenarien" haben wir herausgearbeitet, wie Kolleginnen und Kollegen die inhaltliche Entgrenzung ihrer Arbeit als grundlegende Überzeugung pflegen. In den Gesprächen betonen sie, in erster Linie eigene berufliche Erfahrung als fachwissenschaftliche Ressourcen weitergeben zu wollen. Diese inhaltliche Ebene eigener beruflicher Erfahrungen verbindet sich mit dem Ethos, über diese – die folgende Aussage bezieht sich auf die in dieser Studie befragten Lehrbeauftragten aus dem Hochschulkontext – oft als „ehrenamtliche" oder „soziale" Arbeit wahrgenommene Lehrtätigkeit einen allgemeinen positiven Beitrag zur Entwicklung der Studierenden leisten zu wollen. Insofern ist ein klassisches humanistisches Bildungsverständnis für Lehrende leitend. Über diese Argumentation ist es nachvollziehbar, dass die Beweggründe für die Online-Lehre komplexer sind und über ein optimales Funktionieren weit hinausgehen. Darauf sollten Fort- und Weiterbildung sowie adäquate Coaching-Formate reagieren.

Wenn Lehrbeauftragte an Hochschulen über die Ebene der fachwissenschaftlichen Expertise in die Online-Lehre finden, tun sie dies meist ohne systematische pädagogische oder didaktische Aus- bzw. Fortbildung. Es liegt im Wesen der anwendungsorientierten Fachhochschulen, einen engen Praxisbezug anzustreben. Insofern ist es notwendig, dass die Lehrenden über die inhaltliche Ebene hinaus eine persönlich realisierte Bedeutsamkeit anbieten – erst dann wird relevant (und oftmals auch erst dann interessant), in welchem Anwendungskontext die Lehrinhalte stehen. Es scheint im konstruktivistischen Wirkungszusammenhang dieser Lehrenden sinnvoll, den Anwendungskontext der Lehrinhalte in den persönlichen Bezug zur Lehrperson hineinzustellen. So gelingt Personalisierung in einer im besten Sinne leidenschaftlichen Online-Lehre. Diese Personalisierung bietet im tendenziell distanzierten Geschehen am Bildschirm einen sozialen und emotionalen Anker und wird (bzw. kann) zu einer digitalen Beziehungsdidaktik (werden) (s. Abb. 10).

Dieses Prinzip kann jeder und jede Lehrende bestätigen, weswegen es in den Interviews auch regelmäßig auftaucht. Aus dieser Praxis lässt sich die Personalisierung auch als eine Gelingensbedingung ableiten. Dieses Prinzip ist ebenfalls nicht neu, wird aber zunehmend auch als Qualitätsfaktor guter Lehre in den Online-Kontext Einzug finden. Gleichzeitig bringt es ganz neue Aspekte im digitalisierten und damit „entpersonalisierten" Kontext mit sich, die aktuell erst erahnt und erprobt werden können.

Dieser Text entstand in der Zeit der mittlerweile dritten (Hoch-)Schulschließung. In dieser Zeit gab es insbesondere in den Hochschulen Kurse, die im ersten Studienjahr die prägende Wirkung einer Hochschule nicht in einer direkten Verbindung erfahren haben. Das war auch deshalb neuartig, da es die übliche landläufige Vorstellung eines „Studentenlebens" – wenn man von Fernhoch-

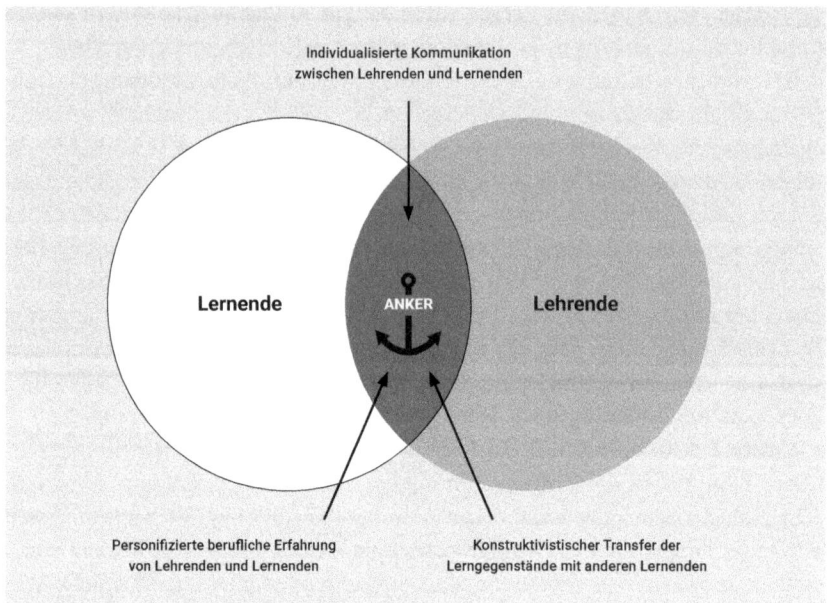

Abb. 10: Multimodale „Anker" zwischen Lernenden und Lehrenden

schulen und berufsbegleitenden Studiengängen absieht – vollständig in Frage gestellt hat.

An dieser Stelle wollen wir den Begriff der „geistigen Diät" einführen. Wäre es ausreichend, auf die im vorangegangenen Kapitel Effizienz der Online-Lehre hinzuarbeiten, wäre dieser Begriff nicht notwendig – er ist jedoch aus kulturellen Gründen: Schulen und Hochschulen pflegen eine Kultur des Wissens und der Wissensweitergabe. Diese Kultur liegt nur zum Teil in der Aneignung von Wissen. Es dürfte ein pädagogischer Konsens sein, dass die auf die Wissensvermittlung aufbauende Kompetenzentwicklung komplexe Einflussfaktoren hat.

Die Technik der Personalisierung von Wissen ist ein Prinzip, um die inhaltliche Ebene anzureichern, mit dem Ziel, die Aneignung zu erleichtern. Darin liegt die Multimodalität von thematischen Gegenständen, die wiederum Teil der „geistigen Diät" ist. Die Multimodalität besteht in Wort/Sprache, Bildern sowie ritualisierten Handlungen.

Hier ist eine Nähe zum pastoralen Feld zu sehen, das schon viele Jahrhunderte mit diesem Vermittlungsproblem arbeitet. Denn auch hier geht es darum, die Vermittlung über Sprache und Symbole ganzheitlich werden zu lassen. Unabhängig von der religiösen Konnotation beschreibt die pastorale Idee der Vielfachkodierung (vgl. Bucci, 1997) das pädagogische Spannungsfeld zwischen verbalen und nonverbalen Impulsen. Die leitende Idee dabei ist, dass im Bereich der impliziten Kommunikation das Symbolische wirksam wird und auf die Ebene des Vorbewussten wirkt. Darin wird die wichtige Rolle der Dramatik und der Inszenierung hervorgehoben, wie sie – das ist die These – auch in der Online-Lehre als ganzheitliche Methodik eingesetzt werden kann. Das Prinzip des Pastoralen wird für die Lehre dadurch fruchtbar, indem der Unterricht über die Sprache hinaus auf das Vorbewusste wirkt. Denn nur so können diese Impulse auf nachhaltige Weise wirken. Von besonderer Bedeutung für diesen ganzheitlichen Aneignungsprozess sind die „inneren Bilder" (vgl. z. B. Hanstein, 2017, S. 92 ff). Impulse, die auf dieser Ebene – individuell! – „andocken" (können), haben eine größere Chance (als über die verbale Ebene) verinnerlicht zu werden. Dazu ist es nötig, in der Unterrichtsplanung nicht beim „Was" zu beginnen (bzw. „hängen zu bleiben"), sondern dem „Wer" – das heißt klassisch der Adressatenanalyse – vordergründig Bedeutung zu geben. Diese Fragestellung hat durch Entfremdungsphänomene von Woche zu Woche im Kontext „Homeschooling" eine ganz neue Relevanz bekommen. Diesem Umstand lässt z. B. bereits dadurch begegnen, dass man zu Beginn der Unterrichtsstunde mit einer Umfrage zum allgemeinen Befinden startet. Dieser Einstieg kann beispielhaft durch Bilder, die die emotionale Ebene ansprechen, eingeleitet werden. Wichtig ist dabei, keinen Druck aufzubauen sich äußern zu müssen. Da solche Anwege stark das persönliche – auch unbewusste – Erleben ansprechen, gilt zum einen das Prinzip der Askese (vgl. Hanstein, 2021a, S. 35–40), zum anderen sollten die Lehrenden für individuellen Gesprächsbedarf (im Nachgang der Stunde) zur Verfügung stehen.

Für die pastorale Idee der Vielfachkodierung (vgl. ebd.) ergeben sich in der Online-Lehre folgende methodische Beispiele in den Kategorien verbale und nonverbale Impulse sowie dramaturgische Elemente:

Tab. 2: Beispiele digitaler Betreuungsprinzipien in den drei Dimensionen nach Bucci 1997

| Verbal kodierte Impulse | Nonverbal kodierte Impulse | Dramaturgische und ganzheitliche Kodierungen |
|---|---|---|
| • auditive Vorlesungen und Vorträge, Sprache<br>• schriftliche Feedbacks<br>• individualisierte und personalisierte Kommunikation, z. B. Videobotschaften | • visuelles (Mimik und Gestik), Bilder, Videos<br>• passives Feedback („Likes") und Beobachten von Werken/Artefakte<br>• Grenzerweiterungen durch Kontakte über das Unterrichtsgeschehen hinaus | • handlungsorientierte Ritualisierungen und zeitliche Rhythmisierungen<br>• Körperimpulse, z. B. Online-Gymnastik<br>• unbewusst wirksame Symbole<br>• (Rollen-)Spiele |

Es wurde in den Gesprächen mit Lehrenden deutlich, dass in der Entgrenzung des Unterrichtsgeschehens auf der Makroebene des Lernprozesses, aber darüber hinaus auch auf weitere Modi der Vermittlung Gelingenskriterien ganzheitlicher Online-Lehre sind. Insbesondere die unerwartete, später aber ritualisierte Ausweitung auf körperlich-seelische Dimensionen (Gymnastik, Pausenrituale, etc.) schafft in der Situation des Unterrichts selbst die digitale Präsenz – im besten Fall aller – und damit die Voraussetzung, dass die Impulse auf unbewusste Ebenen der Lernenden wirken. Diese Form transportiert die ganzheitliche Aneignung des „Lernens mit allen Sinnen" in die virtuellen Lernräume der Online-Lehre.

## 5.    Konzepte vs. Improvisation

In unseren Schulungen für neue Dozierende an der Hochschule steht als Abschluss ein Testat an. Dort präsentieren die Teilnehmerinnen und Teilnehmer ihre Unterrichtskonzepte auf teilweise mehreren Seiten. Auf diesen Folien stellen die Lehrenden ihre didaktische Konzeption auf der Makroebene ebenso dar, so wie die situative Ebene mit oftmals minutiösen Unterrichtsplänen. Es ist gut und richtig, in dieser feinen Auflösung über den Verlauf eines Unterrichts nachzudenken.

Gleichzeitig steht außer Frage, dass diese idealtypische Planung nicht alltagstauglich ist – nur die allerwenigsten Lehrenden werden regelmäßig eine Doppelstunde (Online-)Unterricht mit dem „didaktischen Zimmer" (siehe oben) vorbereiten. Das peu à peu Schrumpfen der Verlaufspläne zu Notizzetteln steht sinnbildlich für das geistige Verinnerlichen der Unterrichtskonzepte, die dann – im besten Fall – nur noch Stichworte auf einer Seite füllen und bei geübten Lehrenden wie von selbst in eine „geistige Mindmap" (O-Ton, Coaching) überführt werden. Mit einiger Routine sind es nur noch gedanklich festgehaltene Stichworte, die den groben Rahmen des Unterrichtsverlaufes skizzieren. Dieser nach und nach – und mit hinreichend Geduld – erreichte Minimalismus ist eine wesentliche Voraussetzung für die Improvisation als das eigentliche Ziel der Online-Lehre: Guter Unterricht wird dann lebendig, wenn die Lehrperson die Souveränität hat, diese Dynamik eines einmaligen Unterrichtsgeschehens (vgl. Kapitel „Vorbereitung vs. Reflexion") zuzulassen. Das Einlassen auf dieses dynamische Geschehen beugt auch dem „Methodenfeuerwerk" vor, dem viele Einsteigerinnen und Einsteiger erliegen (vgl. Hanstein/Lanig, 2020b, S. 35–45).

Der unbewusste Vorrang der Sprache in der Online-Lehre bewirkt ein höheres Risiko für die Überstrukturierung. Dies wiederum führt dazu, den Lernenden zu wenig Raum zu lassen. In den Schilderungen von Lehrenden wird dieser Zusammenhang als ein „Sprechen in ein schwarzes Loch" (O-Ton, Coaching) gespiegelt. In dieser Wahrnehmung zeigt sich eine – erspürte – verlorengegangene Verbindung zwischen Lehrperson und Lernenden. Dieser Zusammenhang wird oft fehlinterpretiert als eine strukturelle Schwäche der Online-Lehre. Das ist den Lehrenden auch nicht zu verdenken, zeigt sich dieses Phänomen schließlich besonders dann, wenn die Lehrkraft gut vorbereitet ist und dementsprechend diese vorbereitete Unterrichtssequenz in der geplanten Zeit umsetzen will. Die Wirkung ist jedoch, dass die Teilnehmerinnen und Teilnehmer durch diese Strukturiertheit buchstäblich keinen Platz finden und zunächst gedanklich („Fernseheffekt") und daraufhin auch technisch („Webcam aus oder auf Pause") abschalten: Diese Diskussion entzündet sich dann oft an einer Debatte um die ausgeschalteten Webcam-Bilder. Vorschnell wird in dieser Diskussion abgeleitet, dass dies ein weiterer integraler Mangel der Online-Lehre sei.

Diese Debatte thematisiert damit jedoch nur ein Symptom. Die eigentliche Ursache ist, dass die Online-Lehre gleichermaßen ein lebendiges „Atmen" benötigt. Dies kann nur gelingen, wenn Lehrpersonen in einem echten Kontakt mit der Gruppe stehen. Dieser echte Kontakt hat seine Vorbedingung darin, die Verantwortung für den Verlauf in Teilen auch auf die Gruppe zu übertragen und so ein Beziehungsgeschehen zuzulassen.

Eine gut durchdachte Strukturierung des Unterrichts hat eine weitere paradoxe Wirkung: Die Moderation wird rhetorisch „glatt" und bietet der Präsenz der Lehrperson wenig Kontakt- und auch Reibungsfläche. Dieses Ziel ist zwar verständlich, da es eine gewisse Sicherheit suggeriert. Eine personale Authentizität der Lehrenden entsteht aber erst durch diese kommunikativen Angebote. Oftmals drückt sich dies in der Diskussion um „professionelle Moderation" innerhalb der digitalen Unterrichtsmedien aus. Lehrende benutzen eine formale Sprache und bauen durch eine besonders gewählte Ausdrucksweise weitere rhetorische Barrieren auf: Oder sie haben vor der Kamera den Leistungsdruck, besonders „filmreif" zu wirken. Die paradoxe Wirkung ist, dass gerade diese Formen – wir drücken dies über die Adjektive „glatt" und „rund" aus – eben jenen Effekt auslösen, dass die Teilnehmerinnen und Teilnehmer sich nicht mehr als Teil dieses interaktiven Geschehens fühlen. Sie bekommen eine „Show" geboten und können sich, anders als im physischen Kontext, auch ohne Sanktionierung still verhalten und dabei aktiv aus dem Geschehen verabschieden – und zwar, ohne dass es bemerkt wird, da der Name schließlich die Anwesenheit noch suggeriert. Dabei lebt die digitale Präsenz gerade von der authentischen Ausdrucksfähigkeit, die ganz bewusst Reibungsflächen anbietet und braucht. Diese Improvisation ist ein Aspekt der Zugewandtheit, die über das Konzept der Individualisierung (siehe Kapitel „Moderation vs. Individualisierung") Teil der guten Präsenz- wie Online-Lehre ist (vgl. Hanstein/Lanig, 2020a, 169–170). Insofern ergibt sich über in diesem Spannungsfeld der konzeptionellen Vorbereitung und der situativen Improvisation ein Minimalrahmen, welcher als Voraussetzung für eine lebendige Improvisation dient:

Tab. 3:    Minimalrahmen und Voraussetzungen für die Improvisation

| Beispiele für konzeptionelle Rahmen | Beispiele für die Improvisation |
|---|---|
| • Die Lehrperson hat Lehrgangs- und Sitzungsziele verschriftlicht und/oder verinnerlicht. | • Thematisch verwandte Lerngegenstände können als neue Aspekte deduktiv eingeführt werden. |
| • Der inhaltliche Input ist so präsent, dass er auf der Sachebene wie auch auf der emotionalen Ebene referiert werden kann. | • Vorwissen und eigene Erfahrung der Lernenden werden in Gruppenarbeiten induktiv in das Unterrichtsgeschehen integriert. |
| • Die Lehrperson hat eine Idee für den Transfer dieser Lehrinhalte. | • Es gibt spontane, aus der Sache stammende Anlässe für gemeinsames Lachen. |
| • Die An- und Abmoderation hat einen dramaturgischen und narrativen Rahmen. | • Spontane, thematisch relevante Ich-Botschaften werden integriert. |
| • … | • Die Verantwortung für die zeitliche Struktur des Unterrichts liegt in Teilen bei den Lernenden. |
| | • … |

Da die Beispiele nicht erschöpfend sind, sei der Begriff der Serendipität als eigentliches Ziel eines lebendigen Unterrichts benannt: Der inhaltlichen und sozialen Komplexität des Unterrichtens ist angemessen, eine gewisse Offenheit für das Entstehen „glücklicher Zufälle" zu geben. Sobald Lehrende und Lernende das Bewusstsein für diese besonderen Erkenntnismomente entwickeln, würdigen alle Beteiligten die zutiefst menschliche Neugierde nach Bedeutsamkeit. Diese Neugierde und dieses Bedürfnis verbinden wiederum Lernende und Lehrende. Diese Zielebene setzt jedoch eine große – innere – Offenheit bei Lehrenden voraus, sowohl von den inhaltlichen Zielen als auch vom Lehr- bzw. Bildungsplan. Denn der Aspekt einer wiederholt zu hörenden Unzufriedenheit mit dem „langsamen Vorankommen im Online-Unterricht" (O-Ton, Coaching) verhindert eine praktische Serendipitäts-Erfahrung und -Kompetenz. Im kollegialen Coaching liegt eine große Chance, auch für diese Kompetenz zu sensibilisieren.

## 6. Effektivität vs. Wertschätzung

In der bildungspolitischen Debatte zählt als Hauptargument das funktionale Ersetzen des temporär nicht möglichen analogen Unterrichts mit der Online-Variante. Damit wird jedoch argumentativ die Effektivität überhöht. Zum anderen tappt man in die Falle, Unterricht als technisch-mechanisches Geschehen abzutun. Und damit hat sich im digitalen Kontext eine bildungstheoretische Vorstellung wieder Raum genommen, die Rolf Arnold (schon weit vor dieser Zeit) zu Recht als „mechanistische Pädagogik" (vgl. Arnold, 2012, S. 122) beschrieb. Wie wir im vorangegangenen Kapitel „Konzepte vs. Improvisation" herausgestellt haben, sind die „weichen" Faktoren des Unterrichts – mindestens – ebenso wichtig: „Und deshalb bin ich persönlich durchaus Fan von digitaler Lehre (…) Digitale Lehre heißt nicht, dass man (…) den sozialen Kontakt verliert und dass da jeder alleine vor sich hinbrütet. Sondern (die Lernenden muss man) auch mit reinholen" [Kat. 22, Zit. 13, Interview 5].

In diesen „Soft Skills" von Unterricht liegt seit jeher der Grundbestand der Pädagogik, dass Lernen „vom anderen her" (Arnold, 2012, S. 120) geschieht: „Es kommt auf Beziehungen zwischen Lehrendem und Studierenden, also pädagogische Beziehung (an)"
[Kat. 22, Zit. 16, Interview 6]. In dieser Argumentation wird deutlich, dass die digitale Präsenz mit der rein funktionalen Betrachtung nicht gelingen kann. Sondern, dass sie – wie die analoge Lehre seit jeher – ihre Voraussetzungen im Aufbau und der Pflege von Lernbeziehungen hat. Betrachtet man jedoch Fortbildungsangebote bis zum heutigen Tage (bei Drucklegung 1 ½ Jahre nach Beginn der Pandemie), so liegen diese vorrangig auf der erstgenannten Ebene.

Idealerweise aber sollten diese beiden Entwicklungsebenen, nämlich die fachliche und die personale Entwicklung, insbesondere in der Online-Lehre synchron verlaufen (vgl. Lanig, 2019, S. 286–287). Das liegt nicht nur in den im vorangegangenen Kapitel dargestellten Vorteilen der höheren Aktivierung der Teilnehmerinnen und Teilnehmer. Dieser empirisch belegte Zusammenhang betrifft das Bewusstsein Lehrender, ob und inwiefern anspruchsvolle Pädagogik an einen physischen Kontakt gebunden ist oder nicht. Damit betrifft dieser Umstand eine pädagogische Prämisse.

In den Interviews zum eigenen Lehrhandeln wird sichtbar, dass hierbei auf zwei Ebenen unterschieden wird:

- Einerseits differenzieren Lehrende die *effektive Ebene der Informations- und Wissensvermittlung*. Diese wird extern verstanden und erfahrbar in einer zugewandten und lebendigen Online-Lehre. Oder in deren Fehlen: Wenn Lehrende das Gefühl haben, in ein „schwarzes Loch" zu dozieren. Beide Er-

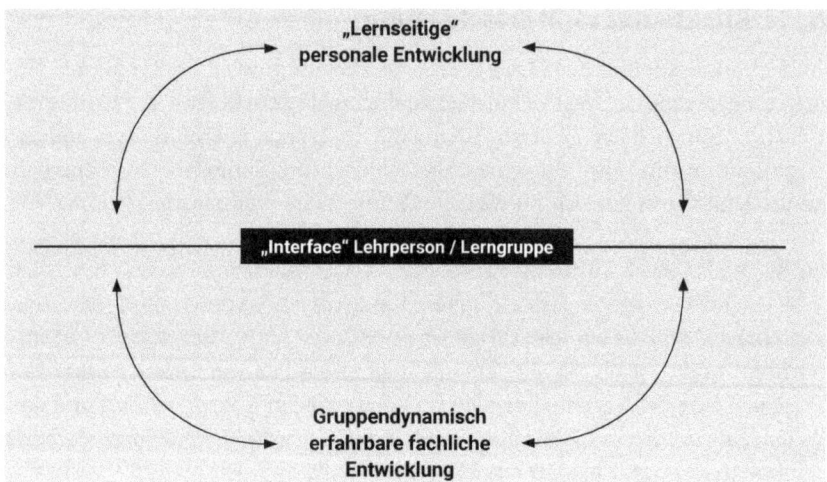

Abb. 11: Personale und fachliche Entwicklung als Gelingenskriterien der Online-Lehre

scheinungsformen zeigen die Ebene der fachlichen Dimension, die auf dieser externen Ebene – etwa auf Ebene der Gruppendynamik – ablesbar wird.

- Andererseits differenzieren Lehrende die *soziale Ebene*. Diese wird intern verstanden und als Zugehörigkeit zu einer Lerngruppe wahrgenommen. Etwa, indem sich Lernende wie Lehrende im personalen Entwicklungsprozess im Projekt begegnen. Dabei wird deutlich, dass den Artefakten/Lerngegenständen eine gewisse Bedeutsamkeit zukommt, die ihrerseits die Gruppe sinnhaft verbindet.

Insofern liegt in der Vermittlung beider Ebenen als Bedingung die Wertschätzung für den fachlichen wie auch den personalen Entwicklungsprozess. Diese Wertschätzung wird zum „Interface" und damit zur Spiegelungsachse von fachlicher und der personalen Entwicklung. Insofern sind die beide Begriffe, die Effektivität von Online-Lehre und die Wertschätzung für die personalen wie fachlichen Entwicklungen Lernender als Wirkungszusammenhang – und Gelingensfaktoren – aufeinander verwiesen. Dieses Phänomen nachhaltig wirkmächtig werden zu lassen, sprengt in aller Regel (bis heute) die Fortbildungsformate zur digitalen Lehre. Insofern sehen wir hier den „Sitz im Leben" des kollegialen Coachings.

Dieser Zusammenhang bedeutet konkret für die Unterrichtskonzeption und die Moderation: Haben Lernende nicht den Eindruck, fachliche Fortschritte zu erzielen, werden sie den Online-Unterricht nicht als effektiv bewerten. Gleichzeitig muss die Lerngruppe wie auch die Lehrperson diese fachliche Entwicklung in Form einer angemessenen Wertschätzung rückmelden, um resonant, ja erkannt zu werden. So verschmelzen die fachliche und soziale Ebene kommunikativ zum Beziehungsgeschehen. An dieser Stelle sei daran erinnert, dass Lernen – ganz unabhängig vom (analogen oder virtuellen) Raum vor allem eines ist: dass Menschen miteinander Erfahrungen machen (und dies wiederum kommunikativ teilen).

## 7. Zwischenfazit

Die mehr oder weniger kontradiktorische Gegenüberstellung von Lehr- und Lernkonzepten zu Beginn des Aneignungsprozesses methodischer und mental-spiritueller Kompetenz (vgl. Hanstein/Lanig, 2020a) im Kontext von Online-Lehre und -Unterricht muss als typische Phase auf dem Weg zur digitalen Anreicherung und Integration (vgl. Hanstein/Lanig, 2020b, S. 85–90) betrachtet werden.

Im akademischen Diskurs zeigte sich dieser „Kulturkampf" bereits im Frühjahr 2020, im ersten Lockdown der Corona-Pandemie. All diese – gelegentlich emotional aufgeladenen – Auseinandersetzungen auf der deutenden, nicht immer ideologiefreien Ebene spiegeln ein Phänomen, das die Empirie zu erkennen gibt: Gerade, weil Modelle der Lehre im virtuellen Raum fehl(t)en, wurde eine Annäherung über die soziologische Rolle als Lehrkraft, eine gründliche Vorbereitung und die ihr auferlegte (oder selbst zugesprochene) Aufgabe der Moderation von Lehr- und Lernprozessen im neuartigen Raum gesucht (vgl. Kapitel III, 1 und 2). Nach und nach konnten aus der formalen Bestimmung und Aufgabe Flexibilität und Individualisierung erwachsen.

- Beide letztgenannten – und hier selbstständig bzw. durch die im Interview angeleitete Reflexion herausgearbeiteten – Größen aber bestimmen im Grunde von jeher den guten Unterricht. Allerdings mussten diese Qualitätsfaktoren in der eigenen Auseinandersetzung mit den aufgezeigten Phänomenen des Online-Kontextes erst wiedererlangt werden. Im Freitext der Befragung findet sich folgende Schilderung: „Es gibt tolle Lösungen (aber) es ist schwer als Pionier (…) voranzugehen (…) Viele Lehrkräfte gehen eigene Wege (…) und alle haben viel Zeit und Arbeit investiert. Ich bin stolz auf die Kolleginnen und Kollegen" (vgl. ebd.). Neben der immensen Initiative, Fantasie und Solidarität zeigt sich ein Hemmschuh in der Digitalisierung von Schule und Hochschule: Wo keine Konzepte an Bildungsinstitutionen aufgelegt wurden und damit auch keine Standards für die Online-Lehre geschaffen wurden, muss davon ausgegangen werden, dass wesentliche Teile des Kollegiums diesen Schritt nicht mitgegangen sind bzw. unbegleitet nicht konnten.

- Der Befund, dass nur gut die Hälfte (45,07%, vgl. Kapitel „Quantitative Analyse in Kollegien") der von uns befragten Kolleginnen und Kollegen eine systematische Fortbildung für die Online-Lehre erhalten haben, belegt diese Ansicht. Dabei ist auffallend, dass davon wiederum nur 39,53% (vgl. ebd.) in diesen Fortbildungen eine Bedeutsamkeit gesehen hat. Stattdessen zeigt sich, dass sich die Kolleginnen und Kollegen auf informellen Wegen, innerhalb der Familie, insbesondere den eigenen Kindern (!) und in sozialen Netzwerken (!) Impulse und Fachwissen besorgt haben. All dies trägt nicht dazu bei, dass Kolleginnen und Kollegen zu einem neuen, soliden Rollenverständnis gelangen. Folglich hat dieser Umstand bzw. die ausgebliebene Qualitätssicherung die Heterogenität der digitalen Kompetenz der Lehrenden noch verstärkt. So ist es auch zu erklären, weshalb viele Lehrerinnen und Lehrer der Teilöffnung nach den Winterferien 2021 – trotz Mahnungen von Fachleuten vor der 3. Welle der Pandemie – positiv gegenüberstanden. Das bildungspolitische Mantra, wonach „nur Präsenzunterricht guter Unterricht" sein könne, baute (neben anderen Aspekten) auf diesem Phänomen auf.

- Analog verhält es sich mit den anderen Gegensatzpaaren: Effizienz und Effektivität liegen als Erwartungen jeder Unterrichtsplanung zu Grunde. Ebenso, wie beim ersten Unterpunkt „Vorbereitung vs. Reflexion" gesehen, das Selbstkonzept, auch die online gestützte Form des Unterrichts durch diese „Grundkompetenz des gelernten Lehrers" zu bewältigen. Weil aber neue Konzepte durch das eigene Experimentieren erst ausgebildet werden müssen, bildet konsequenterweise auch der Rückhalt auf bekannte Bildungskonzepte keine letzte Sicherheit. Dieser vermeintliche Rückgriff wird als fragil empfunden. Im Laufe der Zeit kann aus diesem „Schock" aber eine krisensichere „Improvisationskompetenz" entstehen, die erst die Grundlage dafür ist, sich wertschätzend – im Übrigen auch für immer mögliche technische und nichttechnische Störungsfaktoren – auf größere Fragen der Welt- und Sinnerschließung einzulassen und den Lernenden dafür die entsprechenden Räume des Di- und Trialoges zu eröffnen. In dieser „Brückenkompetenz" des Lehrenden besteht unseres Erachtens die grundlegendste Bedingung gelingender Lehr- und Lernprozesse im virtuellen Raum.

- Auf Basis unserer Gespräche stellt sich der Bedarf heraus, den Kollegien systematisch Zeit für die Reflexion (vgl. Kapitel „Vorbereitung vs. Reflexion"; vgl. Hanstein, 2021c) zu geben. Allein über diese Maßnahme könnte von Seiten der (Hoch-)Schulleitung erreicht werden, die Verantwortung für die Unterrichtsqualität paritätisch zwischen den einzelnen Lehrpersonen und der Führungsebene zu verlagern. Und sie wortwörtlich von den Schultern der Erziehungsberechtigten, der Kinder sowie einzelner Kolleginnen und Kollegen zu nehmen.

• Die neuartige Kernaufgabe von Lehrenden, „virtuelle Blasen" so zu verbinden, dass Orte der aktiven Kollaboration geschaffen werden, will begleitet sein. Denn diese Herausforderung verändert auch die Rolle und das Selbstverständnis.

• Der überwiegende Großteil aller Fort- und Weiterbildungen seit Frühjahr 2020 drehte sich – nachvollziehbarer Weise – vor allem um technische Fragestellungen und damit auch vorrangig um Fragen, welche die linke Spalte der – oben extrahierten – Gegensatzpaare ausmachen: Wie können Materialien effizient und überprüfbar an Schülerinnen und Schüler übermittelt werden? Wie bereiten Lehrende den Online-Unterricht am besten vor? Welche bildungstheoretischen Konzepte sind bekannt und haben sich bewährt? Erst nach einem Jahr des Experimentierens kamen Aspekte auf, die sich von Fragen der Technik und der Methodik lösten. Methodisch war es daran erkennbar, dass in Lehrerfortbildungen auch Austausch und Diskussion angeboten wurde. Es fanden weniger Präsentationen – also die Vermittlung von Wissen – statt, sondern der Stil wechselte auf eine Ebene des kollegialen Austauschs.

• In dieser Debatte liegt ein schwergewichtiges Argument: Die stets vehement geäußerte grundlegende Kritik an der Online-Lehre lautet, sie ermögliche zu wenig soziales Lernen. Das ist zum aktuellen Stand auch zutreffend. Dieses Defizit ist auch zur Mitte des Jahres 2021 nicht zu leugnen: Kolleginnen und Kollegen gelingt es mitunter nur im Ansatz, soziales Lernen im Online-Kontext zielgerichtet anzuleiten. Das bedeutet aber im Umkehrschluss, dass diese Einzelfälle und diese Ansätze belegen, dass dies in digitalisierten und hybriden Lernkontexten möglich ist. Wir haben in der Debatte zwischen Effektivität und der sozialen Dimension der Online-Lehre (vgl. Kapitel „Effektivität vs. Wertschätzung") auf diesen Wirkungszusammenhang hingewiesen: Erst wenn die soziale Dimension des Lernens „vom anderen her" (Arnold, 2012) verwirklicht werden wird, gelangt die Online-Lehre auf die qualitative Ebene des analogen Unterrichts. Die Wissensbildung der kommenden Jahre hat dieses hauptsächliche Projekt auf der Agenda – das soziale Lernen als einen integralen Teil der Online-Lehre zu verwirklichen und zu einem verbindlichen qualitativen Standard zu machen, wie dies in (Hoch-)Schulkontexten der Fall ist.

Um dieses Ziel realisieren zu können, ist neben einer Theoriebildung jedoch ein induktiver Erfahrungsaustausch in den Kollegien unumgänglich. Dafür Prinzipien zu entwickeln, soll das abschließende Kapitel zum Online-Coaching dienen. Dieses Projekt ist tiefgreifend in dem Sinne, als dass es eine Habituserweiterung (siehe oben) der Lehrkräfte beabsichtigt; auch, wenn diese Entwicklung individuell und in langjährigen Phasen verläuft (vgl. Kapitel „Entwicklungsphasen der Habituserweiterung"). Zwei Leitfragen stehen über dem folgenden Kapitel:

1. Wie kann das Coaching von Lehrpersonen gestaltet werden, um diese individuellen Entwicklungsprozesse mit dem Ziel der Habituserweiterung zu strukturieren? – Eine generalisierende Frage, wie dieser Spezialbereich des Bildungscoachings ausgestaltet werden kann.
2. Wie kann dieser Entwicklungsprozess systematisch in den Kollegien verstetigt werden? – Hier soll es darum gehen, die Grundzüge speziell auf den Online- und Hybrid-Kontext zu fokussieren.

Auf Basis der vorliegend erfolgten Befragungen lässt sich schlussfolgern, dass diese beiden Dimensionen innerhalb des Bildungssystems anstehen. Ebenso, dass der Schritt vom Input zum Teilen von Erfahrungen zwar folgerichtig entsprechend der Logik in Change Prozessen (vgl. Hanstein, 2021c) ist, dass er durch frühzeitiges Feedback-Holen allerdings vermeidbar gewesen wäre.

Eine Richtung zeigt sich – gestützt durch eine hier vorgenommene zusätzliche quantitative Studie – dabei klar (was die im Folgenden zu sehende mäßige Annahmebereitschaft für klassische Fortbildungen erklärt): dass der Weg weggeht von reinen Input-Fortbildungen, und hin zu adäquat zugeschnittenen Formaten (vgl. ebd.). Diese Tendenz lässt sich mit der digitalen Mehrperspektivität und vergleichsweise höheren Komplexität erklären, aber auch mit einer unvergleichbaren Beschleunigung, mit der immer wieder neue Möglichkeiten der Vermittlung und Beziehungsgestaltung im virtuellen Raum auf den Markt kommen. Daran ist zugleich zu beobachten, dass das Prinzip der Individualisierung (vgl. oben) sich nicht nur auf Lernende beschränkt.

Im Folgenden soll die quantitative Befragung in seinem Ansatz und mit seinen wesentlichen Ergebnissen kurz vorgestellt werden. Zum besseren Verständnis sind die Zusammenhänge visualisiert. Daten, die darüber hinausgehen – insbesondere wichtige Korrelationen – finden sich im Digitalanhang.

# IV. Online-Coaching

## 1. Quantitative Analyse in Kollegien

### 1.1 Methoden

Insgesamt wurden Antworten bei 172 *Versuchspersonen* aller Schularten und in freien Bildungseinrichtungen erhoben (79 weiblich; 3 divers; $M_{Alter}$ = 40,34; $SD_{Alter}$ = 14,32). Im Mittel wiesen die Versuchspersonen eine Berufserfahrung von 9,90 Jahren auf ($SD_{Berufserfahrung}$ = 10,31). Die Berufserfahrung in der Online-Lehre bzw. im Online-Unterricht beträgt in der Stichprobe im Mittel 3,08 Jahre ($SD_{Berufserfahrung\_online\_Lehre}$ = 3,68). Tabelle 4 beschreibt die Stichprobe.

Die Rekrutierung der Teilnehmer*innen erfolgte über Verteiler der Institutionen Hochschule und Schule und über Bildungspartner und diverse Plattformen. Außerdem konnten Versuchspersonen über die Online-Forschungsplattform Survey Circle gewonnen werden. Die *Datenerhebung* wurde *vom 18.01.2021 bis 28.03.2021* durchgeführt. Die Erhebung erfolgte über die Plattform SoSci Survey. In dieser Umfrage wurden die Versuchspersonen gebeten insgesamt 22 Fragen zu beantworten (zu den in der Umfrage verwendeten Fragen siehe Digitalanhang, Anhang 4). Bei den Fragen 06 und 18 handelte es sich um Fragen mit offenem Antwortformat. Die Fragen 07, 14, 15, 16, 17 sollten auf einer 5-stufigen Skala von „stimme überhaupt nicht zu" bis „stimme völlig zu" beantwortet werden. Die weiteren inhaltlichen Fragen wurden mit einem kategorialen Antwortformat mit den Ausprägungen „Ja" und „Nein" abgefragt. Bei manchen dieser Fragen gab es eine weitere Kategorie, bei der die Versuchspersonen angeben konnte, dass der Sachverhalt auf sie nicht zutrifft. Am Ende der Umfrage wurden Informationen über Alter, Geschlecht, Lehrerfahrung und Lehrerfahrung auf dem Gebiet der digitalen Lehre erfasst (siehe ebd.). Aufgrund unvollständiger Daten (und einem Datenblatt mit eher wirren Antworten) mussten 21 Versuchspersonen ausgeschlossen werden.

Tab. 4: Beschreibung der Stichprobe (N = 172, w = 79, m = 82, d = 3, o. A. = 8)

|  | M | SD | Spanne |
|---|---|---|---|
| Alter | 40,34 | 14,32 | 21–75 |
| Berufserfahrung | 9,90 | 10,31 | 0–45 |
| Berufserfahrung digitale Lehre | 3,08 | 3,67 | 0–26 |

*Anm.:* N = Stichprobengröße, w = weiblich, m = männlich, d = divers, M = Mittelwert, SD = Standardabweichung

## 1.2    Ergebnisse

Der quantitativen Untersuchung zu Folge, welche für diese Studie in der 2. Hälfte des ersten Schulhalbjahres 2020/21 unternommen wurde, hat eine sehr hohe Zahl – mit 86,05% der höchste Wert aller Fragen überhaupt – ausprobiert und *experimentiert*.

Demgegenüber hat sich gerade gut die Hälfte aller Befragten – 54,07% – durch *klassische Fortbildungen* im Kontext des Online-Unterrichts fortgebildet. Dabei sahen lediglich 39,53% der Kolleg*innen diese Formate für die neuartige Form des Unterrichtens als bedeutsam an, das heißt: *zwei Drittel als nicht bedeutsam*.

Nur die Hälfte der Befragten haben eine systematische Weiterbildung erhalten. Fast doppelt so viele finden *autodidaktisch – 86%* – und mit Unterstützung des Kollegiums (61%) zur Online-Lehre. Demgegenüber *wünschte* sich die *große Mehrheit* – mit 79,88% aller Befragten – ein *adäquates Schulungsprogramm* für den Online-Unterricht.

Ebenso kann die *Motivation zur Weiterbildung* als *sehr ausgeprägt* bezeichnet werden, obwohl zur Zeit der Umfrage – also bereits ein Jahr nach dem ersten Lockdown – bei *weniger als einem Drittel* (31,36%) - vom Dienstgeber ein *Dienstgerät* für den Online-Unterricht bereitgestellt worden war und *über zwei Drittel* (73,37%) der befragten Kolleg*innen bereits *private Geldmittel in die technische Ausstattung* des Online-Unterrichts investiert hatten.

Dieser (wenngleich nicht repräsentative) Befund *deckt sich* vor allem mit den im qualitativen Teil extrahierten *Kategorien „Offenheit gegenüber Neuem"* (Kat. 5), *„informelle Beratung"* (Kat. 12), *„Reflexion der eigenen Lehre"* (Kat. 19), *„Motivation"* (Kat. 24), *„Weiterbildung virtuelle Lehre"* (Kat. 21) sowie *„erzwungener Umstieg ins Virtuelle"* (Kat. 28) und den dort aufgeführten Erkenntnissen. An diesen kann angesetzt werden, wenn es gilt, dem Bedarf an adäquaten Schulungsformaten für die Online-Lehre Rechnung zu tragen – und diese mit dem kommenden Schuljahr fortschreibend zu entwickeln.

## 2.    Empathie plus Präsenz

In der Herleitung des Kernbegriffs der „digitalen Präsenz" haben wir die *Beziehung als Voraussetzung* für Lehre und Unterricht herausgestellt. Dies kommt ganz ohne das Suffix „Online" aus, denn es ist seit jeher eine grundlegende Einsicht der Schulpädagogik, dass Lehre und Unterricht ohne Beziehung nicht gelingen können.

In den dargestellten Interviews der qualitativen Befragung stellen Lehrende die Beziehung einerseits über die fachliche Relevanz her und andererseits über die soziale Nähe. Die im Ergebnis entstehende Empathie ist damit das Fundament

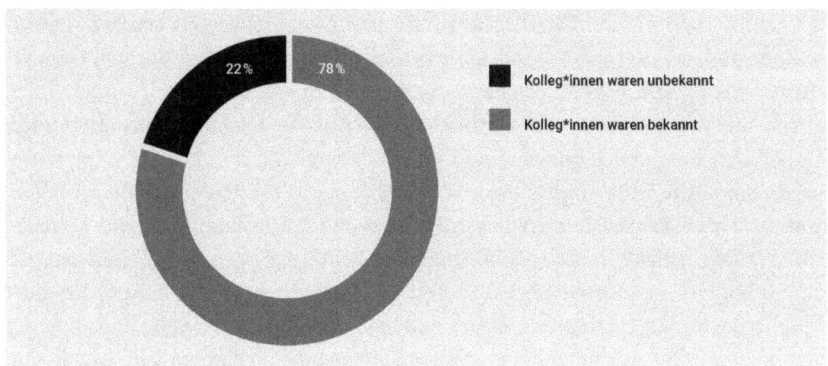

Abb. 12: Waren Ihnen Kolleginnen und Kollegen bekannt, die Ihnen beim Einstieg in die Online-Lehre behilflich waren?

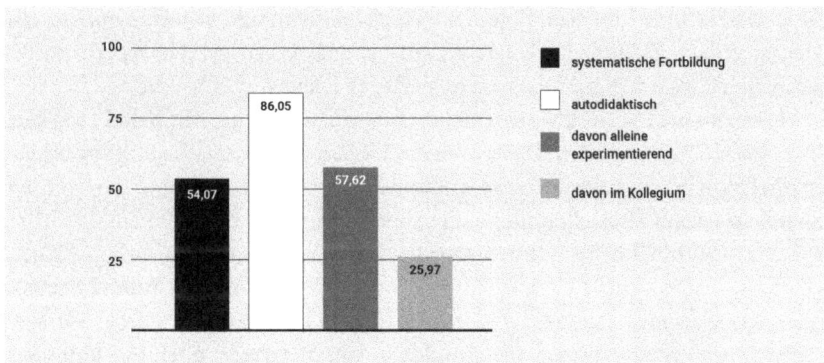

Abb. 13: Wege zur lehrpraktischen Erfahrung in der Online-Lehre (N = 172)

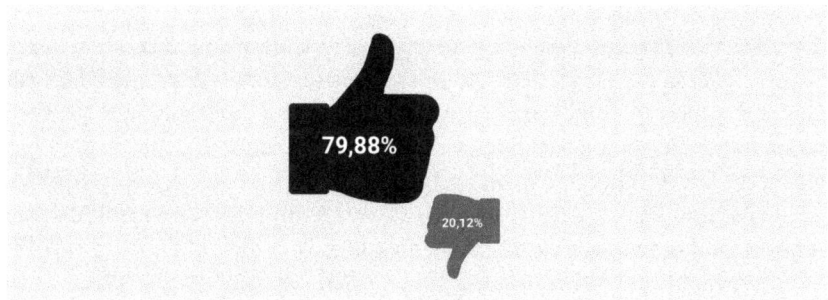

Abb. 14: 135 Teilnehmerinnen und Teilnehmer bejahten die Aussage „Ich wünsche mir ein adäquates Schulungsformat für den Fernunterricht", 34 antworteten mit Nein.

der Online-Lehre. Allein an diesem Konsens entscheidet es sich, ob diese Debatte über dieses Unterrichts- und Lehrformat überhaupt in den Bereich der „seriösen" Pädagogik überführt wird oder von vornherein dessen Unmöglichkeit durch eine vermeintlich unüberbrückbare „technische Distanz" konstatiert wird. Umgekehrt formuliert: Nur wenn in dieser Debatte die Möglichkeit eingeräumt wird, Empathie über digitalisiert vermittelte Unterrichtsmedien herzustellen, kommt der Diskurs weiter. In den Interviews mit den Kolleginnen und Kollegen wie darüber hinaus in vielen kollegialen Coachings finden sich Schilderungen des Gelingens – zumindest bei dem Teil der Gesprächspartner*innen, die diese Möglichkeit offen einräumen – über eine *mentale Fokussierung* im Rahmen der Unterrichtsvorbereitung oder eine *bewusst erzeugte Reduktion* auf Inhalt und Methodik. Hier sind etwa die „5 W"-Leitfragen (vgl. Hanstein/Lanig, 2020b, S. 29–31) geeignet, um insbesondere das „Wer" in dieser mentalen Antizipation zu fokussieren. Über dieses Qualitätskriterium ist die Voraussetzung geschaffen, die je eigene, individuelle digitale Präsenz zu entfalten und weiter zu entwickeln. Der an anderer Stelle (vgl. Hanstein/Lanig, 2020a) herausgearbeitete Aspekt der Leiblichkeit in der Digitalität wird hier wieder relevant (vgl. unten).

Diese *mentale Entwicklung* verläuft nicht mit einem großen Schub, sondern in vielen kleinen Schritten. Diese können über die taxonomische Stufung erklärt und reflektiert – was aus unserer Sicht und Erfahrung entscheidend ist – werden. So haben wir im Kapitel „Rolle vs. Flexibilität" einen Zusammenhang zwischen sozialer und inhaltlicher Dimension der Unterrichtsmethoden vorgeschlagen. Über ein solches schrittweise Üben von unteren taxonomischen Anforderungen (z. B. Assoziationen sammeln in einer Mindmap) bis hin zu komplexen Formen (z. B. Gruppendiskussionen im Anschluss von Referaten oder gar komplexe Gruppen- und Projektarbeiten) wird es möglich, dass jede Klasse, jeder Kurs und/oder Klient*in diese Kompetenzen auf Seiten von Lernenden entwickelt. Wichtig dabei ist, dass man keine unrealistischen Erwartungen aufstellt, sondern dass diese taxonomische Treppe mit jedem Unterrichtsprozess von vorne beginnt. Hieran wird auch deutlich, wie sehr dieser Aufwand das Selbstbild der Lehrenden fordert – und wie intensiv die Entwicklung des taxonomischen Prozesses mit der Weiterentwicklung der Lehrendenpersönlichkeit durch die Kontexte der Online-Lehre und hybrider Lehr- und Lernformate verwoben ist. Weil Digitalität und Digitalisierung – neben all den technischen und methodischen Aspekten – *Fragen nach mentaler Einstimmung, virtueller Resilienz, spiritueller Selbstsorge und Prävention neuartig* aufgeworfen hat, gehört diese Ebene auch unbedingt mit in Begleitungsformen hinein; und dies umso mehr, weil sie hinter der erstgenannten, zunächst vordergründig erscheinenden Ebene gleichsam verborgen ist. Für die kollektive Lehrendengesundheit ist es unerlässlich, diese

Ebene frühzeitig in Fort- und Weiterbildungen mit in den Blick zu nehmen. Denn aus unseren Schulungen von Hochschuldozierenden wissen wir, dass in der ersten Phase der Einarbeitung sich vieles um technische, methodische, inhaltliche Fragen und Wünsche der Optimierung der Online-Lehre dreht. Erst danach tauchen in kollegialen Coachings in aller Regel auch Fragen des eigenen mentalen Selbstmanagements in digitalen Lernwelten auf.

Diese Fragen hängen im Wesentlichen mit der Präsenz als Lehrende*r zusammen. Die auf der Empathie aufbauende Präsenz hat eine weitere Voraussetzung in der Synästhesie des Online-Lernens. In den geführten Interviews stellte sich heraus, dass die Antizipation des körperlichen Stresses durch das lange Sitzen am Computer ein Ausgangspunkt für Überlegungen zur *Leiblichkeit im digitalen Lernen* ist. Allein diese physische Ähnlichkeit festzustellen, schafft das Gefühl von Verbundenheit, eben nicht nur Teil dieses digitalen Systems zu sein, sondern tatsächlich als Körper-Geist-Seele-Wesen buchstäblich „da" zu sein. Diese Bedürfnisse wertzuschätzen und ernst zu nehmen – in der weiterentwickelten Form nicht nur verbal, sondern durch gemeinsame Körperübungen (vgl. Hanstein/Lanig, 2020a) –, zeigte sich als wichtige Grundlage gelingender Lehr-Lern-Beziehung in digitalen Kontexten.

Insofern sind die Fragen der Beziehung und der technischen Zusammenhänge bedingende Dimensionen, die aufeinander aufbauen und in der Summe die „digitale Präsenz" bilden:

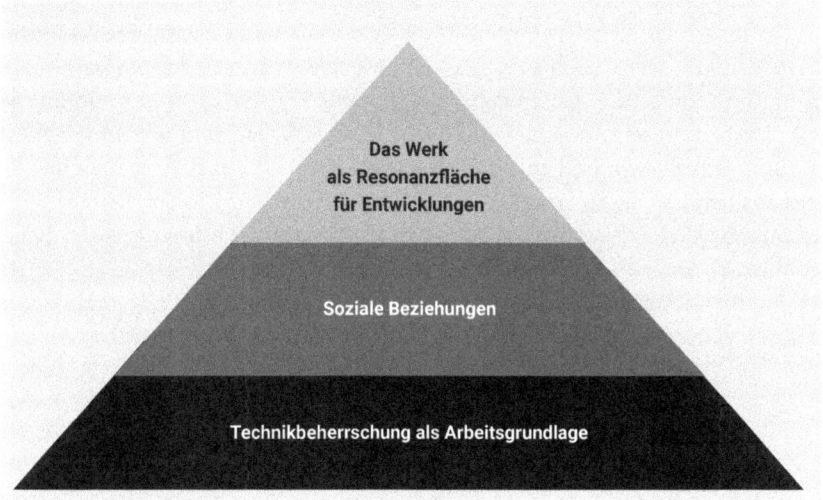

Abb. 15: Aufbauende Dimensionen der „digitalen Präsenz"

Die *induktive Vermittlungsstrategie* führt über die Ebene der sozialen Bindungen zum Werk, das seinerseits die eigentliche Resonanzebene darstellt. In dieser Zieldimension begegnen sich Lernende wie Lehrende authentisch und „lebendig", da es hier um bedeutsame Inhalte geht, mit denen sich Lehrende und Lernende – best case – auch identifizieren. In dieser Zieldimension verschwindet die distanzierende Wahrnehmung der Technik. Angekommen, in der Spitze der Pyramide stellt sich auch die soziale Ebene nicht mehr als Hindernis heraus, sondern ist ihrerseits eine Voraussetzung, eben „vom anderen her" (Arnold) lernen zu können und auf dieser Voraussetzung Entwicklungen bemerken zu können. In der Pyramidenspitze entsteht, aufbauend auf diesen beiden Vorbedingungen, die digitale Präsenz.

Hier bieten die neuen Möglichkeiten nicht nur ganz andere Räume, sondern auch eine Nachhaltigkeit, wie sie im analogen Unterrichtsbetrieb nie möglich waren: Was „früher" als Plakat im Lehrerzimmer, im besten Fall in der Schulvitrine vergilbt ist, lässt sich heute im Internet langfristig konservieren – Vorgaben des Daten- und Urheberrechtes natürlich vorausgesetzt. Für Schüler*innen sowie Studierende liegt in dieser Form der digitalen Sichtbarmachung ein nicht zu unterschätzender Motivator. Insbesondere bei Schularten des beruflichen Schulwesens und bei Studiengängen mit praktischem Zuschnitt besteht in der Produktorientierung ein großer Schlüssel zur intrinsischen Projektteilhabe. Diese *ästhetische Erfahrung* ist nicht neu (vgl. Hanstein, 2008), aber für die neuen Lehr- und Lernkontexte neu von Bedeutung.

In diesem Punkt haben Online-Unterricht und Online-Lehre eine vergleichbare Struktur. Denn auch hier geht es um ein *hermeneutisches Aufsteigen* hin zum Kern der Sache (vgl. Hanstein/Lanig, 2020b, S. 35–39, unter Anknüpfung an den Elementarisierungsansatz von Nipkow/Schweitzer), zum systemisch nicht greifbaren Anliegen. Im Umkehrschluss wird das Risiko erklärbar, auch hier zu viel zu „beraten" als zu „coachen": In der vermeintlichen Unsicherheit, dass die technische Verbindung nicht ganz so solide ist, verfallen Lehrende in der Regel in einen Vortragsstil, der wiederum zum „Fernseheffekt" (vgl. Kapitel „Konzepte vs. Improvisation") führen kann. Insofern verlangt die digitale Präsenz ein hohes Maß an zuhörender Askese, um diese Beziehungsebene entstehen zu lassen.

## 3.    Vertrauen plus Hierarchie

Was so einfach klingen mag, ist in der täglichen Praxis eine große Herausforderung. Doch die technischen Hürden und vielen kleinen unerklärbaren Pannen in Lernsystemen haben auch zu *Perspektivwechseln* geführt: „Bisher habe ich so Meldungen von Schülern immer als Ausreden abgetan. Dass sie kein Netz hatten oder dass das WLAN gesponnen hat und sie nicht reinkamen. Mittlerweile bin ich da vorsichtiger. Ich weiß jetzt, dass auch bei guter Vorbereitung viele x-Variablen vorkommen. Deshalb muss ich ihnen einfach vertrauen" (O-Ton, Coaching).

Mit dieser Erfahrung einer Kollegin mittleren Alters zeigt sich beispielhaft, auf welchen – ggf. unerwarteten – Ebenen mit dem Online-Unterricht Veränderungen eingetreten sind. Das „gute alte" Klassenbuchprinzip nach dem Schema „anwesend bzw. nicht anwesend" bzw. „entschuldigt bzw. unentschuldigt" funktioniert (derzeit) nicht mehr. Und auch Versuche, die im Online-Unterricht anwesenden Schüler*innen über die Teilnehmendenliste oder einen parallelen Eintrag im (wo es dieses schon gibt) elektronischen Tagebuch festzuhalten, entpuppt sich als Versuch, die „guten alten" Strukturen analoger Bildung (noch) nicht (ganz) loslassen zu können. Denn bereits das Wort – bzw. die Erwartung von z. B. der Schulleitung – an dieser Stelle verrät die Crux: ein „Festhalten" im virtuellen Raum funktioniert nicht, ist ein Widerspruch in sich. Dieses *fluide und fragile Neuland* verlangt naturgemäß nach neuen Konzepten, die auf *neuen Mindsets* aufbauen.

In den Interviews wird deutlich, wie – aus der Perspektive der Erwachsenenbildung – die Beziehung über einen fragenden Stil aufgebaut wird. Um die Metapher der „Blasen" zu bemühen: Zunächst gibt es einen *„Push"-Impuls,* der über eine solche fragende Haltung die Blase der Lehrperson hin zur Blase der Lernenden öffnet. Das schafft die Voraussetzung für gegenseitiges Vertrauen und damit die Vorbedingung für die darauffolgende Interaktion und inhaltliche Induktion.

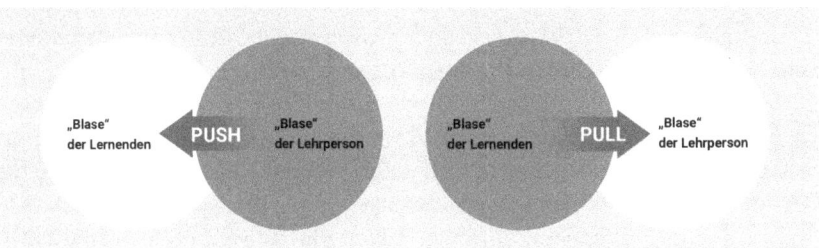

Abb. 16:  Kommunikative und interaktive Vermittlungsrichtungen

In einer zweiten Phase ist die Individualisierung – als Gelingenskriterien im vorangegangenen Kapitel „Empathie plus Präsenz" herausgearbeitet – die umgekehrte *„Pull"-Bewegung.* Dies ist der eigentliche Zielzustand. Denn ohne diese Resonanz ist es kaum möglich, von der personellen Ebene auf die fachliche Ebene zu gelangen. Das berichten Kolleginnen und Kollegen nicht nur in Form eines gelungenen Unterrichts, sondern auch von einer *Sinnerfahrung,* die damit einhergeht: „Wenn ich das Gefühl habe, ich kann etwas weitergeben, der Funke ist sozusagen übergesprungen, dann ist dieses Sinngefühl auf jeden Fall da" [Kat. 20, Zit. 3, Interview 3]. Insofern sind diese aufeinander aufbauenden Kommunikationsrichtungen Bestandteil eines jeden Online-Unterrichts. Die Richtungen müssen in veränderter Form (in diesem Fall einer stärkeren Gewichtung der induktiven Hermeneutik) im Online-Unterricht und in der Online-Lehre bewusst angewandt werden.

Nicht nur aufgrund dieses Konzeptes ist das „gute alte" Klassenbuchprinzip zu hinterfragen, denn Teilnehmerinnen und Teilnehmer, die sich im Moment eingeschrieben haben, können sich im nächsten – unter Beibehaltung ihres Namens in der Teilnehmendenliste – schon in ganz anderen virtuellen Räumen aufhalten, ohne dass die Veranstalter*in dies je bemerken würde. Einzig die *Aktivierung mit dem Ziel der virtuellen Verbundenheit* (methodische Bsp. vgl. Hanstein/Lanig, 2020a und 2020b) ist der Schlüssel, aus diesem Dilemma pädagogisch heraus zu finden.

Dabei ist es wichtig, zwischen *Gruppendynamik und Themenzentrierung* eine Balance zu halten und – auch und insbesondere im virtuellen Raum – sich als Lehrender immer wieder bewusst zu machen, dass sich hinter den elektronischen Bildausschnitten und den Namen Menschen befinden: Individuen. Um es an einem kleinen Ausflug in die Philosophie und Kunst verständlich zu machen: Der jüdische Philosoph Martin Buber sprach vom „Ich-Werden am Du", einer Art Selbst-Verwirklichung, die so erst durch den oder die andere entsteht, entstehen kann. Indem „ich" mich im Gegenüber spiegele und erst richtig erkenne, und er oder sie sich in „mir". Diese *Rück-Spiegelung* ist in der Online-Lehre nicht nur, wie oben aufgezeigt, aus technischen Gründen (Soundcheck) notwendiger als im analogen Unterrichtsraum, sondern auch, um die Teilnehmenden immer wieder aus ihren individuellen „Blasen" herauszuholen und in die *gemeinsame* „*Lernblase*" hinein mitzunehmen. Mit dem Künstler Roland Litzenburger (vgl. oben) gesprochen: „Wer bin ich, wenn mich niemand anschaut?" Dieses provokante Bonmot, das er grundsätzlich anthropologisch meinte, erscheint in die heutige Situation hinein gesprochen nahezu prophetisch: an jedem einzelnen Tag werden in Deutschland unzählige Unterrichtsstunden online veranstaltet, bei denen die Schülerinnen und Schüler größtenteils ihre Kameras auf „Off" haben und ggf. mit Chat-Eintrag „antworten", weil sie „gemutet" sind bzw. sich selbst – z.B., weil hierfür keine Regel erarbeitet wurde – gemutet haben. „Wer bin ich, wenn mich niemand anschaut?" – Ein „Etwas", das „irgendwo im Nirgendwo" hängt. Unverbindlich und unverfügbar. „Kein Ort. Nirgends" hieß ein lesenswertes Buch von Christa Wolf, ähnlich in die Jahre gekommen und – philosophisch wie pädagogisch – ähnlich aktuell.

Um nochmal zu Martin Buber zurückzukommen: Um seinen Ansatz in diesem Kontext nicht als idealistisch stehen zu lassen, sei ein philosophisches Korrektiv ergänzt: Der – ebenfalls jüdische – Philosoph Emmanuel Levinas hat den anderen als „bleibend Anderen" definiert. Diese Ergänzung erscheint wichtig, nicht nur damit Buber nicht zu „glatt", zu „romantisch" erscheint, sondern weil sie bedeutet, dem anderen hinreichend Eigenes zu belassen. Es ist bereits eine Kunst, dies im Leben – in der geschäftlichen Kommunikation wie in der privaten Partnerschaft – immer wieder zu versuchen. Und es bedeutet im pädagogischen Kontext von Lehren und Lernen, bei aller Betonung von Gruppenaktivierung und Forderung nach Kollaboration, jedes einzelne lernende Subjekt nicht aus den Augen zu verlieren – es zu *fördern, aber auch zu fordern*. Und insbesondere das zweite Prädikat ist im Online-Kontext neu zu reflektieren. Schulpädagogisch gesprochen bzw. gefragt: Wie können individuelles Lernen und Binnendifferenzierung unter den Vorzeichen des Online-Unterrichts gelingen?

So verstanden ist die *Hierarchie ein Mittel*, um die Führung im Online-Unterricht durch Induktion zu gewährleisten. Das Ziel ist eine gemeinsame hermeneutische Näherung zum eigentlichen Anliegen. Und dieses „eigentliche" Anliegen ist ohne die fragende Öffnung der Blasen nicht klar zu erheben. Die *Resonanz der Unterrichtsimpulse* im Verhalten, der Kommunikation und vor allem den entstehenden Artefakten ist eine Bedingung, um die technische Distanz zu einer menschlichen und pädagogischen Nähe zu machen. Um es konkret werden zu lassen: Sobald Lernende die Erfahrung machen, auf ihrem Anliegen begleitet zu sein und sich auf diesem Weg trauen, Arbeitsstände mit der Lehrperson und der Gruppe zu teilen, entsteht eine Nahbarkeit, die von einem gemeinsamen Lernanliegen getragen ist. Die „hierarchische" Position der Lehrperson verändert sich dann in eine eher zurückhaltende, fragende und moderierende Rolle: indem die Lehrperson etwa über die Zeit wacht, Ergebnisse sichert und generell das Unterrichtsgeschehen moderiert. Die Hierarchie ist damit im Online-Unterricht kein Mittel der Dominanz. Die Macht, die die Lehrenden für die Anbahnung und Begleitung des Lehr-Lern-Prozesses als „Veranstalter" bekommen, ist eine Form von Macht, die Ziel und Sache zu dienen hat. Sie baut auf Vertrauen auf, ebenso aber auf der Bereitschaft zur – wortwörtlichen – *Dienstleistung*. Lernende, an die diese Rechte für die Organisation und Präsentation einer Projektarbeit übertragen werden, bekommen von dieser komplexen Dimension eine kleine Ahnung. Diese Momente der *Übertragung von „Macht"* und der prozesshaften Veränderung von „Hierarchie" sind ebenfalls wichtige Garanten für eine gelingende Beziehungsdidaktik im Online-Unterricht.

Es sei abschließend an dieser Stelle ergänzt, dass diese kommunikative Struktur des gekonnten Wechsels zwischen „Push" und „Pull" auch für die *Führung innerhalb von Kollegien* zutrifft. Denn auch hier haben wir es (siehe Kapitel „Formelle und informelle Kollegien: Semipermeable Gruppenbildung im Online-Betrieb") mit kommunikativen Systemen zu tun, die sich regelmäßig öffnen und schließen. Dieser Wirkzusammenhang sollte bei der Konzeptionierung und Implementierung neuer Formate für Begleitung und Coaching im Kontext Online-Lehre mit berücksichtigt werden.

## 4. Methoden plus Intuition

Wie insbesondere in den Kapiteln „Rolle vs. Flexibilität", „Effizienz vs. Welterschließung" und „Konzepte vs. Improvisation" angedeutet, wird der entscheidende Entwicklungsschub in der Online-Lehre bzw. im Online-Unterricht unseres Erachtens weder von der Technik noch von pädagogischen Modellen abhängen. So wichtig beide Ebenen sind, um die „handwerkliche" Dimension des Unterrichtens überhaupt zu ermöglichen bzw. das pädagogische Geschehen konzeptionell untermauert reflektieren zu können, entscheidend für guten Unterricht – egal, ob klassisch analog oder neuartig digital – ist die *intuitive und methodische Kompetenz* der Lehrenden. Und sie wird an dem Fakt messbar, wie gut Lernende „zusammengebracht", wie individuelle „Blasen" verbunden werden können. „Kollaboration" nennt sich diese aktuelle Forderung, die erst durch die Pandemie und das „Homeschooling" ab dem Frühjahr 2020 wieder auf den Plan trat.

Im Grunde wird damit „nur" das in die aktuelle Diskussion um den Online-Unterricht eingebracht, was seit vielen Jahren, gar Jahrzehnten zum Repertoire der Schulpädagogik gehört: *Projekt- und handlungsorientierter Unterricht, selbstgesteuertes Lernen und Kompetenzorientierung.* Es gehört zur ersten „Schock-Phase" der Corona-Pandemie dazu, dass all diese wichtigen und erprobten Ansätze nolens volens „auf Eis gelegt" wurden, um – an erster Stelle – die Energie in die inhaltliche Ebene bzw. – als zweiten Schritt – in technische Dienste zu geben. Umso wichtiger erscheint es jetzt – nach über einem ganzen Jahr –, die Bedeutung von Methoden und die Wichtigkeit der pädagogischen Intuition stark zu machen.

Die hier dargelegten Befunde steuern es auf einen natürlichen Zielzustand zu: Den *Zustand der Habitualisierung.* Diese Erfahrung hat – das unterstellen wir an dieser Stelle – jede Lehrperson gemacht: Nach einer dritten Wiederholung ist die Lehrpraxis in einem Maße in den unbewussten Bereich gewandert, dass die eigentlichen inhaltlichen und pädagogischen Fragen verinnerlicht sind. Wie alles im Leben, das von der bewusst über das Großhirn zu steuernden Handlung in das unbewusste Verhalten des Kleinhirns übergeht (z. B. Fahrrad oder Auto

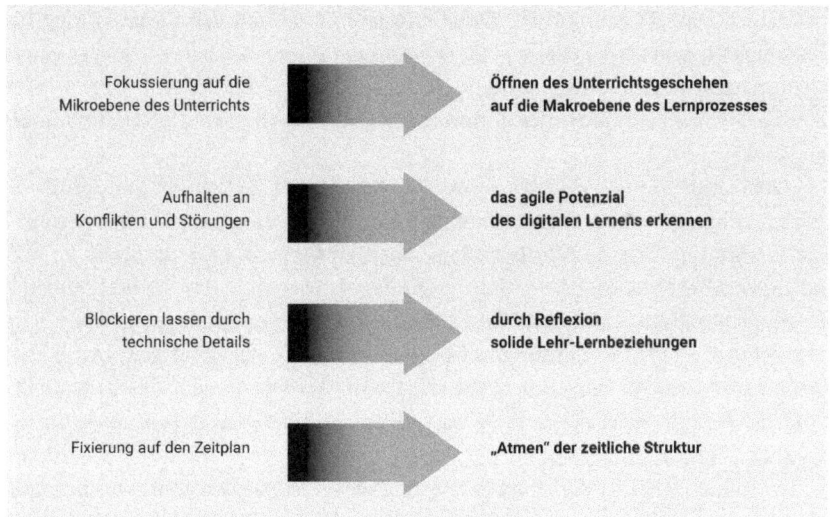

| | |
|---|---|
| Fokussierung auf die Mikroebene des Unterrichts | Öffnen des Unterrichtsgeschehen auf die Makroebene des Lernprozesses |
| Aufhalten an Konflikten und Störungen | das agile Potenzial des digitalen Lernens erkennen |
| Blockieren lassen durch technische Details | durch Reflexion solide Lehr-Lernbeziehungen |
| Fixierung auf den Zeitplan | „Atmen" der zeitliche Struktur |

Abb. 17:  Start- und Zielzustände der Habitualisierung

lernen bzw. fahren), benötigen „eingespurte" Abläufe weniger Aufmerksamkeit und auch stoffwechselphysiologisch weniger Energie. In diesem Lichte ist es verständlich, dass die Online-Beratungen in der ersten oder zweiten Wiederholung einer Klasse, Kurses oder Fortbildung eine gewisse Ungeduld zeigten. Hier hilft jedoch die Deduktion, also weitere Theorie und die Debatte über Unterrichtskonzepte nicht wesentlich weiter. Sondern nur weitere Übung und weitere Unterrichtserfahrung, bis auch die Online-Lehre in eine agile Lebendigkeit, Spontanität, Improvisationsfreude und Gelassenheit übergeht. So stellt sich die Habitualisierung ab der dritten Wiederholung in folgender Progression dar (s. Abb. 17).

Auf methodologischer Ebene bedeutet dies: So sehr wir den Einsatz von Lerntechnologie und die Reflexion dieser Entwicklungen – wie z. B. durch das *SAMR-Modell* (vgl. Hanstein, 2021b) – schätzen, so wenig „machen" solche noch so fortschrittlichen Innovationen den Unterricht. Der entscheidende Indikator für adäquaten Einsatz von Methoden wie von Technologie ist auch und besonders im online und hybriden Kontext die Beziehungsebene. Die entscheidende Frage ist die nach der – zielgerichteten und ergebnisorientierten – Kollaboration. Dies ist umso wichtiger zu betonen, je mehr wir um den Reiz neuer Systeme und Apps wissen. Selbstverständlich nutzen wir sie ebenso, doch die Nutzung hat eine experimentelle Note. Um es am Beispiel von Schulungen und Coachings zu verdeutlichen: Hier wählen wir bei Bedarf zwischen drei bis vier verschiedenen Lernplattformen, je nachdem, wie es für die jeweilige Gruppe und den jeweiligen Prozess passend ist. Das *Changieren zwischen den Räumen* mag für Einsteiger*innen ins Virtuelle – die es kaum mehr geben dürfte – anfangs etwas irritierend sein. Allerdings ist die Wirksamkeit dieses Verfahrens immer wieder eindrücklich: Die Teilnehmer*innen melden die damit verbundene Agilität als angenehm zurück.

Geht man dieser Wahrnehmung auf den Grund, bekommt man ähnliche Rückmeldungen zu hören: Der Umgang mit immer möglichen Störungen und die *Leichtigkeit*, dies beschwingt ausgleichen zu können, ohne in Stress zu verfallen, wirkt als *Modell*. Diese intuitive Kraft wurde auch in der – quantitativen – Umfrage bestätigt. An diesem Punkt zeigt sich im Zielzustand eine menschliche Dimension: Es geht um authentische, hierarchiearme Begegnungen. Darin entstehen sozial reiche Situationen, die wiederum das Fundament des Unterrichts sind. Nicht zuletzt ist die *Sozietät von digital verbundenen Lernräumen* die eigentliche Begründung, worauf die darauf spezialisierte Mediendidaktik hinarbeiten sollte. Daher ist die Habitualisierung dieser Prinzipien eine grundlegende Voraussetzung, eine neue Natürlichkeit dieser Unterrichtsformen entstehen zu lassen: Sie ist die Basiskompetenz der Online-Lehre.

## 5.    #Online-Lehre meets #Online-Coaching: Ein Modell kollegialer Unterstützung

Coaching und kollegial – hierin liegt scheinbar ein erster Widerspruch. Denn „(w)enn das jemand (lacht) von der (Organisation) leitet, dann (…) ist das nicht hierarchiefrei, (das sind) als Kolleginnen (auch) Konkurrentinnen, wenn es um Lehraufträge geht (…) Das (…) kann man nicht so ganz ausklammern" [Kat. 14, Zit. 1, Interview 3]. Wenn es aber „gelingt, diese Einbindung in Hierarchie oder in Abhängigkeiten auszublenden" [Kat. 14, Zit. 2, Interview 3; Position: 34–34], dann sind alle „auf einer Augenhöhe" [Kat. 14, Zit. 4, Interview 7; Position: 38–38]. Insofern ist es wichtig, als erstes an diesen Punkten anzusetzen, wie *eine hierarchiearme oder gar hierarchiefreie* Gesprächssituation aussehen kann, die möglichst autark von der systemisch-institutionellen Anbindung ist. Elke Berninger-Schäfer hat als „Pionierin" des Online-Coachings bereits vor Jahren die Möglichkeit und die Bedeutsamkeit dieser Option für das Business und Personal Coaching erschlossen (vgl. Berninger-Schäfer, 2018). Auf diesen Schritten und Erfahrungen kann für den Kontext Schule und Hochschule gut aufgebaut werden.

Des Weiteren stellt sich die Frage nach einem *adäquaten, online-tauglichen Format*. Als entscheidender Aspekt für erfolgreiches und zielgruppenorientiertes Coaching hat sich die Milieukompetenz von Coaches erwiesen. Daher wäre, neben der Frage nach „geeigneten" Coaches, aktuell auch zu erproben, welche Formate für die „Milieus" Schule und Hochschule sich methodisch anbieten. Im Gegensatz zu anderen Beratungs- und Begleitungsformen ist ein gewisser amorpher „Wildwuchs" in der Coachinglandschaft (vgl. Hanstein, 2021a, S. 5–7) nicht zu übersehen. Insofern kann es der weiteren Professionalisierung im Coaching nur zuträglich sein, auch für das (kollegiale) Coaching im Kontext der Lehrendenunterstützung in der Online-Lehre ein eigenes Format zu entwickeln, zu erproben und auszuwerten.

Eine Gefahr in (kollegialen) Coachings ohne weitergehende Struktur besteht darin, mit der fehlenden Strukturierung im Prozess auch die Zielorientierung aufzugeben. Bei Coachings, die sich auf eine *feste Struktur* stützen, lässt sich im Gegenzug beobachten, dass diese den Ablauf und die Zielorientierung sichert. Diesen Zusammenhang zwischen Struktur und Austausch gilt es auch in der weiteren Betrachtung zu bewahren. Für die Fortbildungen werden üblicherweise Kolleginnen und Kollegen angefragt, die entweder eine große Affinität zur IT und/oder die längste Erfahrung im Umgang mit der Technik haben. Es ist zwar nicht ausgeschlossen, dass diese Kolleg*innen ebenfalls eine besondere Geschicklichkeit in der Vermittlung und eine Offenheit für darüber hinausgehende Fragen haben. Es ist aber keine Zwangsläufigkeit. Daher möchten wir eine Methode skizzieren, die eine kollegiale Unterstützung im Online-Kontext innerhalb der Kollegien ermöglicht, optimiert und verstetigen kann – und dabei keinerlei Anliegen (die nicht technischer, methodischer, inhaltlicher … Natur sind) ausschließt.

Für den folgenden Vorschlag eines *Modells für kollegiales Coaching* im virtuellen Kontext wird sich hier an den Grundlinien des systemisch-lösungsorientierten Coachings orientiert (vgl. Hanstein, 2021a, S. 29–42). Diese eignen sich deshalb auch für den (hoch-)schulischen Bereich, weil Lehr- und Lernprozesse immer systemische Implikationen, Bedingungsfaktoren und – im besten Fall – Auswirkungen hat. Dies trifft sowohl für den Mikro- (Klasse oder Kurs) wie für den Makrokontext (Schulorganisation sowie Unterrichts- und Schulentwicklung) zu. Hinzu kommt, dass Pädagogen es gewohnt sind, von der Lösung – didaktisch formuliert den Zielen – her zu denken. Insofern bietet die Schrittigkeit (Abb. ebd., S. 39, Beschreibung ebd., S. 41–42) eine erste Grundstruktur (s. Abb. 18).

Die Bezeichnung „kollegiales Coaching" verdeutlicht bereits begrifflich den hohen Anspruch, beiden Kompetenten gerecht zu werden. Das heißt einerseits, dass die Durchführenden sich nicht als inhaltlich Leitende verstehen, sondern als diejenigen, die den Prozess verantworten und (lediglich) den Rahmen vorgeben. Zugleich begreifen sie sich nicht als Beratende, denn zwischen der Rolle

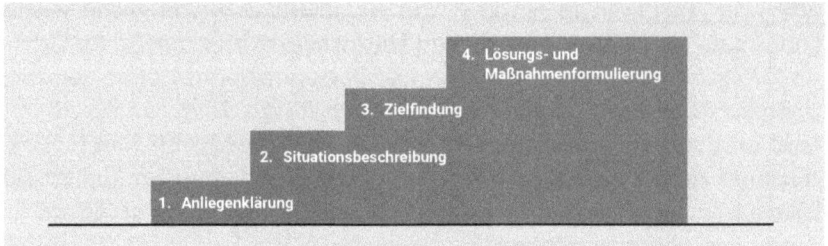

4. Lösungs- und Maßnahmenformulierung

3. Zielfindung

2. Situationsbeschreibung

1. Anliegenklärung

Abb. 18: Phasenkonzept des kollegialen Coachings in Anlehnung an Hanstein 2021a, S. 29

des Coaches und des Beraters existieren entscheidende Unterschiede (vgl. ebd., S. 7–10). Zum Zweiten bedeutet dies, der *Gruppe die Kompetenz* zuzugestehen, aufgrund der intuitiven Leistungsfähigkeit ihrer Mitglieder brauchbare Assoziationen zu den jeweiligen Anliegen einzubringen. Hierbei ist darauf zu achten, dass die Vorschläge solche bleiben, was meint, dass der jeweils „Gecoachte" vollkommen selbst entscheidet, was und wieviel des Geäußerten er für seinen weiteren Lösungsweg aufgreifen will. Diese Hinweise verdeutlichen, wie wichtig und notwendig ein maximales Maß an Transparenz ist, und zwar nicht nur über den Ablauf des Prozesses, sondern auch hinsichtlich der Rollen(-kompetenz) aller Beteiligten und des – buchstäblichen – Dienstleistungscharakters (vgl. oben) eines so verstandenen kollegialen Coachings. Gleiches gilt für den Aspekt der Vertraulichkeit und der einschlägigen ethischen Standards (vgl. ebd., S. 35–38).

Sobald diese Grundlagen geklärt sind, können die *Anliegen* der beteiligten Kolleginnen und Kollegen vorgestellt werden. Da es für Einsteiger*innen gelegentlich schwer zu unterscheiden ist, was ein „Problem" – diese Begrifflichkeit wird im lösungsorientierten Coaching grundsätzlich nicht verwendet, sondern maximal von einer aktuellen Herausforderung gesprochen – und was ein „Anliegen" ist, können die Anliegen auch im Vorfeld an die Veranstalter geschickt werden. Als Leitfrage bietet sich hier an: „Was möchte ich durch die heutige Sitzung für die aktuelle Herausforderung erreichen?" Für den Fall, dass es mehrere bzw. für die verfügbare Zeit zu viele Anliegen gibt, kann über eine Dringlichkeitsabfrage die Reihenfolge festgelegt werden. Leitend ist dabei der Grundsatz: je mehr aktueller „Leidensdruck", umso wichtiger ist es, dieses Anliegen an vorderer Stelle zu bearbeiten. Daraufhin wird der nun entsprechende „Falleinbringer" gebeten, seine aktuelle *Situation vorzustellen.* Er achtet darauf, dass seine Schilderungen möglichst konkret und nicht ausschweifend sind. Die Gruppe bekommt nun die Möglichkeit, Verständnisfragen zu stellen. Dabei achtet der Veranstaltende darauf, dass wirklich nur Fragen und noch keinerlei „Ratschläge" eingebracht werden. So soll dem Risiko begegnet werden, eigene Erfahrungen aus ähnlich gelagerten Fällen auf die geschilderte Situation zu übertragen. Diese Hinweise – die auch später eingebracht werden dürfen – sind an sich zwar wertvoll, sollten sich aber nicht in Richtung eines „Ratschlags" ausbauen, denn ressourcenorientiertes Coaching lebt von der eigenen systemischen Wahrheit. Ist diese erst erkannt, ist eine Lösung in jedem Fall authentischer und nachhaltiger als durch jeden noch so guten Ratschlag.

Für den weiteren Prozess wird sich im (hoch-)schulischen Kontext an die *Methode Think-Pair-Share* (vgl. Hanstein/Lanig, 2020b, S. 281–282; Abb. S. 281) angelehnt. Und dies aus dreierlei Gründen. Zum einen gilt auch für kollegiales Coaching das, was für die Online-Vermittlung generell konstatiert wurde: dass zügiger als im analogen Raum darauf zu achten ist, die Gruppe in den aktiven Prozess und in die Gruppenverantwortung zu integrieren. Zum Zweiten, weil so an der Methodenkompetenz der Lehrenden angesetzt werden kann – und damit eine gewisse Sicherheit vermittelt wird. Darüber hinaus wird der kollegiale Aspekt – das heißt: die *„Gruppe als Coach"* – konkret angewandt. Nur zwei Personen halten sich aus dem Prozess heraus, der „Fall einbringende" Kollege und der Veranstalter. Letzter sichert den Ablauf, in dem er eine angemessene Zeit vorgibt und auf die Einhaltung dieser achtet. Der „Gecoachte" ist zu diesem Zeitpunkt – im Pairing – wie ein „stummer Wanderer", der die Eindrücke still sammelt und sich – was im Vorfeld gut besprochen und geübt werden muss – ein „eigenes Bild" von allen Assoziationen und Visualisierungen macht, ohne ins Gespräch zu kommen.

1. In einem ersten Schritt *Thinking* hält jeder für sich seine Fragen und Assoziationen zur Situation gedanklich fest. Dieser ist zeitlich am kürzesten zu halten.

2. Im zweiten Schritt *Pairing* werden diese geteilt und visualisiert. Eine Vorstrukturierung in diese beiden Kategorien hat sich als zielführend erwiesen. Hier bieten sich in der Regel 20 bis 30 Minuten an.

3. Erst der dritte Schritt, das *Sharing* dient dazu, dem Fall einbringenden Kollegen alle „Ergebnisse" zu präsentieren. Auch hier gilt das Prinzip der Sparsamkeit: Dem „Gecoachten" werden die Zusammenschriebe kurz vorgetragen, es erfolgen aber keinerlei tiefer gehende Kommentierung und auch keinerlei Diskussion. Dieser Grundsatz ist an dieser Stelle wichtig, damit die Inspiration wirken kann.

4. Im Anschluss an diesen dritten Schritt geht die Askese, die bisher beim „Falleinbringer" und beim Veranstalter lag, an die gesamte Gruppe über. Alles, was bisher ins Wort genommen und/oder in eine Struktur gebracht wurde, unterliegt nun dem „Chairperson-Prinzip" (nach der TZI, vgl. Kapitel „Ent- und Begrenzungen des Unterrichts"). Einzig der „Gecoachte" entscheidet, was davon – aktuell – brauchbar ist. Dieser abschließende Schritt wird hier *Focusing* genannt:

Der Veranstalter wiederholt ggf. das Anliegen und fragt, was von den vorliegen-den Aspekten besonders wertvoll ist, in Richtung einer Lösung weitergedacht zu werden. Dabei sind Skalierungsfragen (vgl. Hanstein, 2021a, S. 136–140) ggf. hilfreich. Ebenso kann hierbei mit diversen Markierungssystemen – je nach in-tegrierter Zeichnen-Funktion – gearbeitet werden. Entscheidend ist, dass sich der „Gecoachte" auf die wesentlichsten Aspekte konzentriert und ganz und gar „bei sich" bleibt. Der Veranstalter (oder ein als Protokollant agierender Kollege) nimmt diese genannten Aspekte in der entsprechenden Reihenfolge auf. Dabei werden auch die Assoziationen berücksichtigt, die den „Gecoachten" bei seiner „stillen Wanderung" vorab – ganzheitlich, also auch emotional – angesprochen haben. Die Berücksichtigung dieser Kraft ist aufgrund eines Phänomens wich-tig, das die Coachingliteratur „Musterzustandsänderung" (vgl. ebd., S. 43–47) nennt. Diese Wachheit beim Veranstalter auch im virtuellen Raum – und eine evtl. Spiegelung der somatischen Signale – ermöglicht, dass die nun angedachten Lösungsvorschläge auch eine ganzheitliche innere Unterstützung erhalten.

5. Alles, was aufgrund von Sharing und Focusing nun an eigenen *Activities* ge-äußert wird, wird festgehalten und gesammelt. Hier hat es sich bewährt, die As-soziationen beim Focusing in einer (linken) Spalte und die für die Activities in einer anderen (rechten, da dies die Zielorientierung visualisiert) Spalte zu fixie-ren. Diese Zusammenstellung wird später dem Kollegen mitgegeben bzw. digital zur (alleinigen) Verfügung gestellt; ebenso alles, was in den Phasen Thinking und Pairing entstanden ist. Ihm obliegt es jetzt alleinig, von diesen ersten assozi-ativen Activities weitere konkrete Maßnahmen abzuleiten.

Der Prozess endet mit einem konstruktiven und dankbaren Feedback an die Gruppe. Ggf. kann beim nächsten Mal an die umgesetzten Activities angeknüpft werden – was aber auch in die freie Entscheidung des „Gecoachten" gegeben werden sollte. Erfahrungsgemäß wird dieser von allein von seiner Umsetzung berichten wollen. Deshalb sollte vom Veranstalter diese Zeit für den Rückblick beim nächsten Mal eingeplant werden.

Es steht außer Frage, dass dieses Modell in der digitalisierten Durchführung komplex ist. Dass es aber nicht nur möglich und zielführend, sondern wirksam und bedeutsam werden kann, wurde mehrfach praktisch erprobt. Insofern gilt auch hier, was wir oben für guten Unterricht in Online-Formaten konstatiert haben: Nur Übung macht den Meister. Welchen „Sitz im Leben" so verstandenes kollegiales Coaching jeweils haben kann, muss ebenso experimentell erprobt werden. An anderer Stelle (vgl. Hanstein, 2021c) wird hierzu die Metapher der Blüte verwendet, um auf die mit Pandemie und Online-Unterricht auch in der Fort- und Weiterbildungslandschaft eingesetzten Veränderungen natürlich und

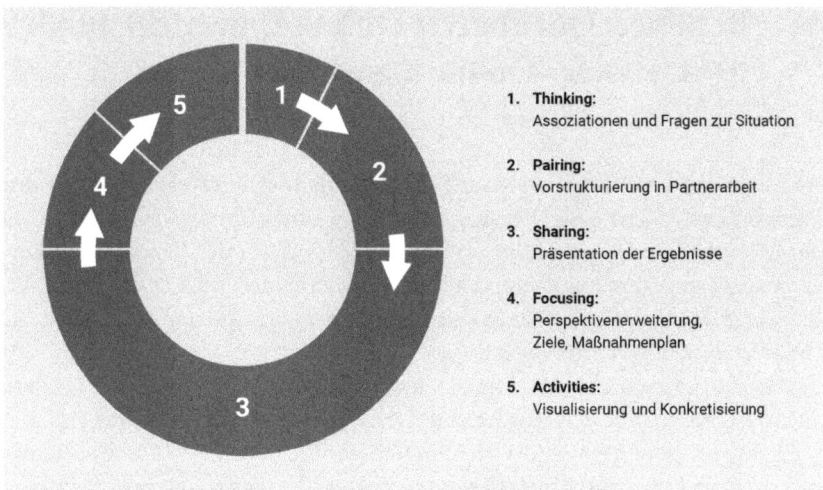

1. **Thinking:**
   Assoziationen und Fragen zur Situation

2. **Pairing:**
   Vorstrukturierung in Partnerarbeit

3. **Sharing:**
   Präsentation der Ergebnisse

4. **Focusing:**
   Perspektivenerweiterung,
   Ziele, Maßnahmenplan

5. **Activities:**
   Visualisierung und Konkretisierung

Abb. 19: Kollegiales Coaching mit der Methode Think-Pair-Share

agil reagieren zu können – im besten Fall, so unsere Hoffnung, mit dem Ergebnis, dass Online-Coaching einen festen Platz in der Begleitung von Online-Lehre und Online-Unterricht erhalten wird.

Wünschenswert wäre es, wenn kollegiales Coaching – früher oder später – die Ebene des *Transflexing* (vgl. Kühl/Lampert/Schäfer, 2018) integrieren und je brauchbare, passgenau zugeschnittene Phasenmodelle im Kontext Schule und Hochschule entwickeln würde.

# V. Resümee: Qualitativer Online-Unterricht durch flankierendes Online-Coaching

Abschließend verdichten wir visuell die Befunde und Interpretationen zu den konzeptionellen Erträgen. Dies tun wir in Form einer *„Konzept-Landkarte"*: Mit der Metapher des Weges weisen wir auf die Schritte auf der Veränderungskurve eines Change-Prozesses hin, den Lehrende auf einer individuellen und Bildungseinrichtungen auf einer systemischen Ebene beschreiten. Diese Schritte verlaufen weder synchron noch linear.

Gemäß der menschlichen Entwicklung stehen nicht nur Individuen, sondern auch Systeme an unterschiedlichen Punkten dieser Veränderungskurve (vgl. Kapitel „Entwicklungsphasen der Habituserweiterung"). So ist es durchaus denkbar, dass die *technische Fähigkeit der konzeptionellen Reflexion* vorausgeht oder umgekehrt. Wesentlich für die individuelle und systemische Weiterentwicklung aber ist, dass der Reflexion überhaupt Bedeutsamkeit, Zeit und Raum beigemessen bzw. „gegeben" wird.

In diesem Resümee simplifizieren wir drei Phasen, um der Reflexion eine visualisierte Basis zu geben. Dabei wurden bewusst metaphorische Bezeichnungen für diese Phasen gewählt (s. Abb. 20).

In den „Distanzstunden" ist das *Fremdeln* die vorherrschende Befindlichkeit. Im O-Ton einer Kollegin wird dies plastisch: „Plötzlich mussten wir alle mit unseren bösen Notebooks reden" (O-Ton, Coaching). Das darin erkenntliche Bild ist technisierte Ferne, die im Gegensatz zur „natürlichen" Lehre empfunden wird (s. Abb. 21).

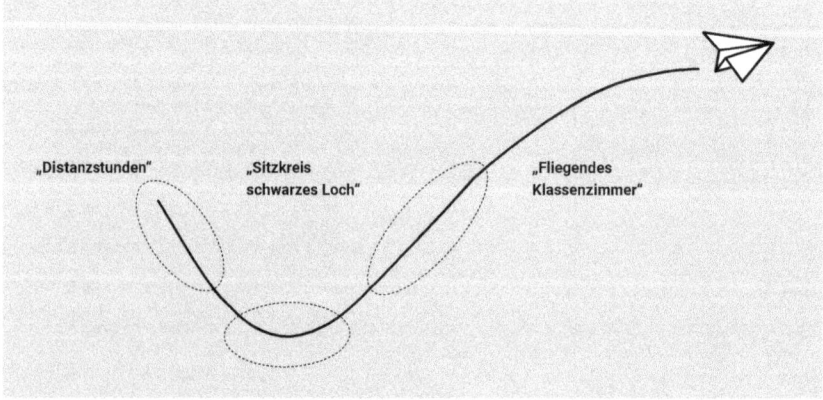

Abb. 20: Die drei vereinfachten Phasen auf dem Weg in die Online-Lehre und den Online-Unterricht

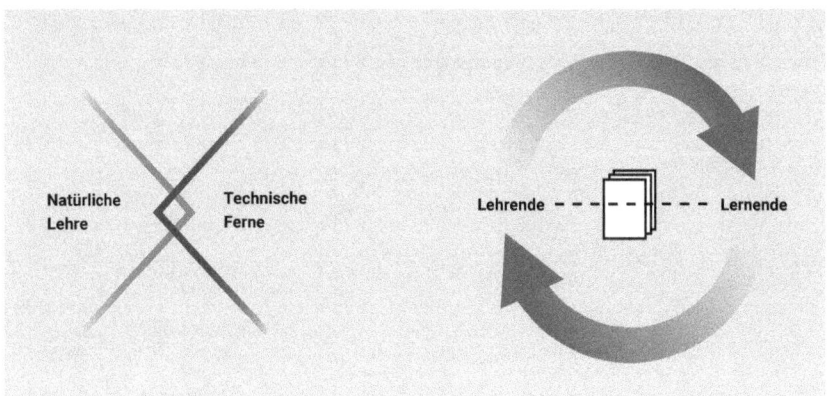

Abb. 21: Das Gegensatzpaar des brüchigen Kontakts

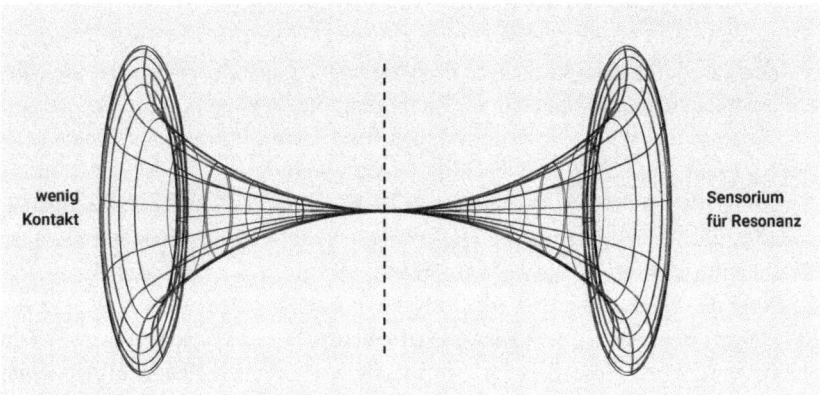

Abb. 22: Das „schwarze Loch" als Weg zum Sensorium für die Lernenden

In dieser Phase wird der *Kontakt* zwischen Lehrenden und Lernenden als *brüchig* erfahren. Dieses Wahrnehmen begründet sich z. B. auch im umständlichen Versorgen mit Aufgaben (Arbeitsblättern) über digitale Medien. Die Fragen der Logistik verstellen den Blick auf die eigentliche pädagogische Arbeit, denn die Vielzahl an technischen Fragen überlagern die Lehre (s. Abb. 22).

Sobald eine technisch einschätzbare Verbindung hergestellt ist, berichten Lehrende vom *„luftleeren Raum"* oder dem *„schwarzen Loch".* Damit ist nach einigen Wiederholungen die Frustration über die monologische Struktur bezeichnet. Die monologische Wahrnehmung betrifft die Unterrichtssituation ebenso wie die Interaktion im Kollegium: Alle sind beschäftigt – so entsteht wenig oder kein Austausch. Gleichzeitig ist die in dieser Phase berichtete Müdigkeit auch

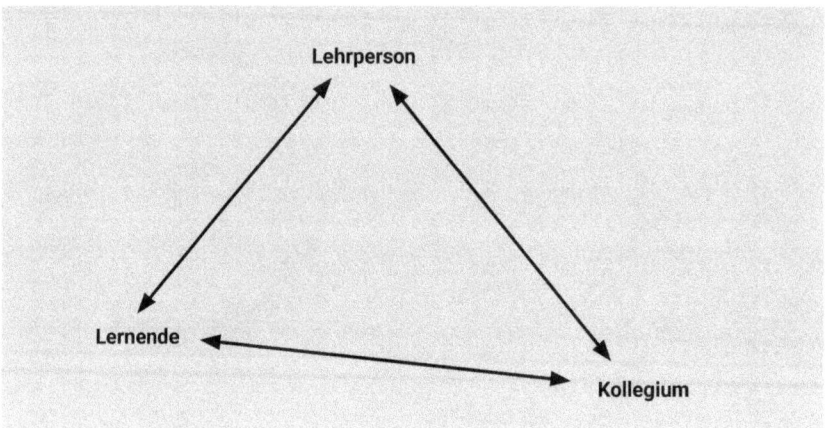

Abb. 23: Zielzustand des Trialogs zwischen Lernenden, der Lehrperson sowie dem
Kollegium

ein Zeichen dafür, dass in dieser Phase bereits viel „geschafft" wurde. Im *„flie-
genden Klassenzimmer"* entsteht als Zielzustand der Trialog (s. Abb. 23).

In dieser institutionell wie individuell fruchtbaren Phase der *digitalen Integration* greift das kollegiale Coaching (siehe vorangegangenes Kapitel „Online
Coaching im schulischen und hochschulischen Kontext") als zentrales Instrument für die Verstetigung dieser Erfahrungen. In diesen Reflexionen und Super-
visionen muss es um die „5W des guten Unterrichts" (vgl. unten) gehen, also wie
Interaktion, Aktivierung und nicht zuletzt – insbesondere auf den Aspekt des
Kollegiums bezogen – Feedback die virtuellen „Blasen" verbinden kann. Nicht
zuletzt wird über diese Coachingprozesse ein wesentlich neuer Aspekt einer
lernförderlichen und fehlerfreundlichen Feedbackkultur ausgehandelt. Um diese Qualitätskriterien rankt das folgende Kapitel.

## 1.  Qualitätskriterien gelingenden Online-Unterrichts

Aufbauend auf den letztjährig (vgl. Hanstein/Lanig, 2020b, S. 19–23) zusammen-
gefassten Kriterien für „guten Unterricht" stellt sich abschließend die Frage nach
den Kriterien für den „guten Online-Unterricht". Hierzu bieten wir an dieser
Stelle *aktualisierte Thesen* an:

\#   Der Online-Unterricht hat dazu beigetragen, neuartig über die „W-Fragen"
(vgl. ebd., S. 29–34) in der Unterrichtsplanung und -auswertung zu reflektieren. Wenngleich die Hauptenergie zu Beginn der Corona-Pandemie und des
„Homeschooling" vor allem in das „Was" – Inhalt, Arbeitsblätter … – inves-

tiert wurde, wurde relativ schnell auch die Unzufriedenheit mit diesem Prinzip erkannt. Diese führte oft dazu, zeitiger als im analogen Unterrichtsraum auf die Aspekte „Wer" und „Wie" umzuschalten – und die Kollaboration der Lernenden methodisch gut anzuleiten. Guter Online-Unterricht ist insofern ein Unterricht, der diese *W-Verschiebung berücksichtigt und durchgängig umsetzt.*

\# Lehr- und Lernprozesse basieren auf *gemeinsam gemachter Erfahrung.* Das ist im virtuellen Raum nicht anders, dieses Prinzip wird aufgrund der virtuellen Passivität (vgl. ebd., S. 106–108) jedoch umso wichtiger. Wo keine gemeinsamen Erfahrungen möglich sind, verharrt der Lernende in der je eigenen Blase. Guter Online-Unterricht ist daher ein Unterricht, der die virtuellen „Blasen" aller Beteiligten verbindet.

\# Die Frage nach dem „Wo" des Unterrichts (vgl. ebd., S. 29–34) war im traditionellen Unterricht eine rein organisatorische Frage – die zumeist auf der Ebene der Stunden- und Raumplaner entschieden wurde. Die Verantwortung für die Räumlichkeit ist mit dem Online-Unterricht nahezu vollständig auf die Lehrenden übergegangen.

\# Diese – schleichende und kaum reflektierte – Veränderung kann von den Lehrenden (unter Beachtung der einschlägigen datenschutzrechtlichen Vorgaben) positiv gewendet werden. Guter Online-Unterricht ist insofern ein Unterricht, der *mit dem Aspekt der Räumlichkeit lernförderlich „spielt".* Hierzu steht eine Vielzahl an Möglichkeiten zur Verfügung.

\# Online-Unterricht ist im Vergleich zum analogen Unterricht ungemein komplexer geworden (vgl. ebd., S. 106–108), allerdings liegt in dieser Komplexität auch eine Möglichkeit zur agilen Vielgestaltigkeit. Guter Online-Unterricht ist daher auch *agiler Unterricht, und zwar im Hinblick auf das inhaltliche, methodische, zielorientierte und räumliche „W"* (vgl. ebd., S. 29–34).

\# Online-Unterricht der ersten Phase war hauptsächlich vom Input-Geben geprägt. In Coachings beklagten Kolleginnen und Kollegen, dass selbst in Fortbildungen darum gebeten wurde – zumeist mit einer technischen Begründung –, Bild und Ton „off" zu lassen. Offenbar übertrug sich hier ein Phänomen, das im Unterricht auch von den meisten (oder zumindest vielen) Lehrenden angewandt wurde. Entsprechend wenig überraschend waren daher auch die Rückmeldungen in Umfragen: Die Lernenden hatten u. a. den „Face-to-Face-Kontakt" mit am meisten vermisst, und zwar zu den Lehrenden wie zu ihren Mitlernenden (vgl. ebd., S. 348–357). Guter Online-Unterricht ist deshalb ein Unterricht, der den *„Faden nicht abreißen" lässt* – und zwar auf allen Interaktionsebenen – und der die *interaktionsförderlichen Strukturen proaktiv befördert.*

\# Diese Beobachtung verweist zugleich auf eine grundsätzlich stärkere Bedeutung von Feedback. Gemeint sind damit nicht nur Rückmeldungen am Ende einer inhaltlichen Unterrichtseinheit, sondern auch im Unterrichtsgeschehen. Guter Online-Unterricht ist deshalb ein Unterricht, der vom *dauerhaften wechselseitigen Feedback* geprägt ist. Dazu ist die *Haltung einer zwingenden Resonanz* unerlässlich – praktisch aber gut trainierbar.

\# Mit dem Paradigmenwechsel der *hybriden Anreicherung des Unterrichtsgeschehens* sehen wir uns mit einem komplexen, äußerst vielschichtigen Veränderungsprozess konfrontiert. Diese Komplexität war für die einzelne Lehrperson eine Überforderung. Daher braucht es die *diskursive Debatte*. Diese Debatte ist am naheliegendsten in einem Kollegium zu führen, um auf die Komplexität mit vielen Perspektiven zu reagieren. Auch aus diesem Grund gehören nach unserer Überzeugung die Online-Lehre bzw. der Online-Unterricht und das kollegiale Coaching zusammen. Durch dieses – methodisch geführt – können die notwendigen vielgestalteten Perspektiven offengelegt, diskutiert und kollegial reflektiert werden.

\# Bildungsinstitutionen sehen sich mit dem Risiko konfrontiert, dass ihre *Identität und die Kultur in der Dezentralität unscharf* werden. Das ist zunächst nicht verwunderlich, denn diese über Jahrzehnte gewachsenen Leitbilder sind nicht auf eine Dezentralität, sondern auf eine Lehr-Lern-Kultur in physisch-analoger Präsenz fokussiert. Diese auf physische Gemeinsamkeit fundierten Leitbilder werden unscharf – was zu Unsicherheiten führt –, wenn der Unterrichtsalltag aus technischen Improvisationen besteht. Daher wird die Digitalisierung zu einer *bleibenden Herausforderung für die Kultur der (Hoch-)Schulen*. Je früher die Wechselwirkungen der „digitalen geistigen Diät" (vgl. Kapitel „Effizienz vs. Welterschließung") zum Gegenstand einer pädagogischen Debatte werden, kann dieser absehbar bleibende virtuelle Lernraum zum Aspekt einer *ganzheitlichen und hybriden (Hoch-)Schulentwicklung* werden. Die Unterrichts- und Lehrqualität wird sich in Zukunft auch an dem Vermögen messen lassen müssen, auf welche Weise digitale und hybride Formate realisiert werden.

\# *Unterrichtsentwicklung ist das Kernelement* einer jeden (echten) Schulentwicklung. Um diesen Grundsatz auch im Online-Format zu beherzigen, bräuchte es noch mehr die Öffnung virtueller Räume für kollegiale Begleitungs- und Unterstützungsformate. Da der Online-Unterricht in der Regel beim Lehrenden zu Hause stattfindet, ist die eigene physische Blase der – unbewusste – „Sendeort". Diese Barriere wäre stärker zu reflektieren, um auch für den Online-Unterricht Hospitationen und Besuche von Kolleginnen und Kollegen zu implementieren. Denn guter Online-Unterricht ist ein Unterricht, der sich *durch kollegiale Reflexion und kollegiales Coaching fortwährend* in der Weiterentwicklung befindet.

## 2. Online-Coaching im schulischen und hochschulischen Kontext

Damit stellt sich die Frage nach dem geeigneten Zeitpunkt der Einführung des kollegialen Coachings. Dabei kann sich an der oben (vgl. Kap. Resümee, Einleitung) beschriebenen Veränderungskurve angelehnt werden. Kollegien, die – im optimalen Fall gemeinsam – aus dem „Tal der Tränen" herausgefunden haben, bewältigen in der Regel auch gut den weiteren Weg der „digitalen Anreicherung". Denn die gewonnenen positiven Erfahrungen sind der Motivator weiterzugehen. Erfahrungen mit kollegialen Begleitungen haben gezeigt, dass sich Lehrende bei Fragestellungen vorrangig an Kolleg*innen wenden – was die hier vorgenommene und hier zur zweiten Grundlage dienende quantitative Umfrage bestätigt hat:

- In nahezu *zwei Drittel* aller Antworten – 61,4% – auf die Frage, welche Personen *beim Experimentieren im Online-Unterricht hilfreich* waren, fiel die Nennung auf *Kolleginnen und Kollegen*. Diese waren größtenteils bekannt. In mehreren Fällen haben die jeweiligen Anliegen gar neue kollegiale Bekanntschaften entstehen lassen.
- Hierbei fällt – *als Mehrfachnennung* – insbesondere das *#Twitterlehrerzimmer* als Ort der kollegialen Unterstützung und des Kennenlernens auf.
- *Vorgesetzte* werden als *Unterstützer ebenso wenig* – unter 10% – genannt wie „eigene" Schülerinnen und Schüler bzw. Studierende sowie externe Berater bzw. Coaches.
- Auffallend ist zudem, dass sich der rückgemeldete *Support aus dem Kreis der Familie und Freunde* (die nicht zugleich auch Kolleginnen und Kollegen sind) auf bis zu 20% aller Antworten bezieht.
- Das *kollegiale Coaching* soll nicht als Instrument der Führung verstanden sein, sondern im Wortsinn als *kollegiales Unterstützungsangebot*. Daher ist es nicht sinnvoll, direkte Führungskräfte in das Coaching einzubinden, auch wenn diese einen Kompetenz- und Erfahrungsvorsprung haben.
- Ebenso *kontraproduktiv* scheint es, das *Angebot obligatorisch* zu gestalten. Denn gerade „gestandene" Lehrende können dies als Bevormundung einschätzen: In der klassischen Auffassung des Coachings geht es nicht um eine allgemeine Beratung, sondern um die Klärung eines Anliegens. Dieses

muss Ausgangspunkt des kollegialen Coachings sein – es wäre ebenso widersprüchlich, eine weitere „Beschulung" für vermutete Ursachen einzusetzen.

- Ein wiederkehrender Aspekt in den hier ausgewerteten Interviews war der Aspekt einer gewünschten angemessenen „Beratungskultur" (vgl. Digitalanhang), der sich schlüssig an die Kategorien „Empathie" (4), „Offenheit gegenüber Neuem" (5), „Vertrauensverhältnis" (9), „Wertschätzung" (13), „Hierarchieproblem" (14) und „Motivation" (24) anbinden lässt.
- Ausgehend von solchen Kriterien können bedarfsbezogene, „maßgeschneiderte" Coaching-Formate entwickelt werden, welche die Anliegen aber auch eventuellen Befürchtungen der Kolleginnen und Kollegen würdigen.

## 3.   Offene Desiderate – fortschreibende Schul- und Qualitätsentwicklung

Wer – als Lern- und lernende Organisation – diese Rückmeldungen und Erfahrungswerte aufgreifen und berücksichtigen will, dessen Blick sollte sich auf diese genannten Felder konzentrieren:

1. Kompetenz wird zuallererst den Kolleginnen und Kollegen zugetraut. Dabei ist es nicht vordergründig, ob es sich um Vertreterinnen und Vertreter des eigenen Fachs bzw. der eigenen Fächer handelt. Nach dem Subsidiaritätsprinzip sollten Lösungen auf den Ebenen gefunden werden, die sich dafür anbieten, was hier bedeuten würde, in die Vernetzung und Ausstattung der Kollegien zu investieren. Für Führungskräfte würde dies den Stil „ermächtigender Führung" (Kühl/Lampert/Schäfer, 2018, S. 253) bedeuten.
2. Externe Begleiter, so wichtig sie zu Beginn der Veränderungskurve – im Anschieben durch fachliche Inputs – auch sein mögen, sind im weiteren Verlauf hin zur „digitalen Anreicherung" eher als Moderatoren geeignet. Ihre Expertise ist nicht die fachliche, sie sollten vielmehr bzw. mindestens so gut geeignete Prozessbegleiter und Coaches sein.
3. Vorgesetzte bzw. die Hierarchie auf der Ebene der Lernorganisation sind kein wesentlicher Adressat für inhaltlichen Unterstützungsbedarf. Das kann zum einen Führungskräfte (ggf. auch im eigenen Anspruch) entlasten, zum anderen stellt es die Frage nach deren Aufgabe und „Job" in Prozessen wie den aktuell erfahrenen neu. Und dies umso mehr dort, wo die Leitungsebene als Störfaktor erscheint; im O-Ton: „Ich wollte gemeinsam mit Kollegen und der Schulleitung etwas aufbauen. Aber es fehlt an Willen, Verständnis und Kenntnissen. Insbesondere die SL war störend" (Umfrage 2, Frage 19, Zitat 1). Entscheidend wäre insofern die Unterstützung dort, wo Kollegien

sowie Kolleginnen und Kollegen sie jeweils aktuell benötigen. Hierzu aber bedarf es des permanenten Feedbacks, was in der Corona-Krise im täglichen Stress vielfach untergegangen bzw. deutlich zu kurz gekommen ist. *Resonant zu führen,* würde die Rolle (hoch-)schulischer Führungskräfte dahingehend verlagern, vielmehr „Gestalter von Lernsituationen und Vernetzungsmöglichkeiten" (Graf/Gramß/Edelkraut, 2017, S. 189) zu sein bzw. zu werden.

4. Mehr als je zuvor griff bzw. greift (noch immer) die Weiterentwicklung auf dem Feld der Online-Didaktik in die *Systeme Familie und Freundeskreis* ein. Diese hohe Zahl an Unterstützern in genau den Feldern, die im Grunde die Freizeit ausmachen, war bis dahin nur aus der Zeit des Referendariats bekannt. Dieses ist jedoch, bei aller Komplexität und psychischen Belastung, zeitlich überschaubar. Ganz anders als der „Sprung ins kalte Wasser" namens Online-Unterricht. Was oben zur Entgrenzung bzw. zum Ineinanderfließen der „Blasen" ausgeführt wurde, gilt deshalb über den Moment des Unterrichts hinaus als grundsätzlich neues Phänomen. Folglich sollte der *Bedarf an Fortbildung auf Zukunft hin* unbedingt diese neuartige Bandbreite berücksichtigen.

5. *Kollegiales Coaching* wird sich, bei dieser systemischen Offenheit, dann sehr schnell über den inhaltlichen und methodisch-didaktischen Kontext hinaus auf den Umgang mit Phänomenen des Online-Unterrichts beschäftigen. Dadurch treten private Kontexte mit auf den Plan, ebenso *Fragen von Strukturierung, Rhythmisierung, Verfügbarkeit und Entgrenzung, Dienstgeschäft und Privatheit* – mit anderen Worten: Prävention und Lehrergesundheit. Und in jedem Fall werden diese Felder durch die Reflexion der Online-Lehre und ihrer Folgen geweitet: „Lehrer, Schüler und Eltern" (Umfrage 2, Frage 17, Zitat 3) werden als zusammengehörig neu in den Blick treten. Insofern ist es nur konsequent, Fortbildungen, Schulungen, Reflexionen und Coachings in dieser ganzen systemischen Breite anzulegen.

6. Fortbildungsplanung, die sich ganz am Bedarf der Kolleginnen und Kollegen misst, lässt nach der ersten Phase der „digitalen Anreicherung" dann (hoffentlich) auch rein als Input veranstaltete Formate hinter sich. Ähnlich wie im Konzept der „Handy-Klinik" wären z. B. *online-Plattformen für „kollegiale Coaching-Ambulanzen"* denkbar, die an die Einrichtung oder an bereits bestehende (hoch-)schulische Unterstützungssysteme angebunden sind.

7. Formen kollegialen Reflexion und demokratischen Beteiligung werden nach der Corona-Pandemie – und der mit ihr einhergegangen *Veränderung im Kommunikationsstil* – ein Stück weit wieder neu zu lernen sein. Die Diskussion um Führungskonzepte der Zukunft (vgl. beispielhaft Kühl/Lampert/ Schäfer, 2018, S. 253–263) ist damit nicht nur mehr an die Reflexionssysteme

gebunden, sie ist vielmehr neu mit all jenen Phänomenen verbunden, die Online-Lehre, Home-Office, digitale Konzepte und hybride Formate der Zukunft praktisch ausmachen.

Wo diese Desiderate und systemischen Veränderungen beherzigt werden, da *verändern* der Online-Unterricht und seine Begleitung durch adäquates Coaching auch *Schule als Ganzes*. Bei allen Unterschieden zwischen den Systemen Hochschule und Schule bleibt zu wünschen, dass der Erfahrungsvorsprung guter Fernlehrinstitute für die Weiterentwicklung von Schulen (stärker) berücksichtigt wird.

Natürlich ist diese Komplexität eine – wortwörtliche – Zumutung für jede Fortbildungsstruktur und (Hoch-)Schulentwicklung. Doch diese Entwicklung ist nicht aufzuhalten. Zudem bietet sie neuartige Chancen, vor allem in der Vernetzung aller am Schulleben Beteiligten, da durch die aufgezeigten – egal, ob reflektiert gesuchten oder intuitiv von den Befragten genutzten – Unterstützungssysteme auch die Grenzen dieser einzelnen Systeme fließend geworden sind.

Hier spiegelt sich phänomenal all das, was oben über das physische Schulgebäude und den Wegfall von Zwischenräumen und -zeiten ausgesagt worden ist. Insofern ist auf den fragenden und auf Anliegen bezogenen Charakter des kollegialen Coaching zu achten. Dieses sollte flankierend mitlaufen, weniger fixe als mehr bewegliche Termine haben und möglichst bald an möglichst vielen Bildungseinrichtungen – in der je eigenen, passgenauen Art und Weise – implementiert werden.

## 4.  Zu guter Letzt ...

Die empirischen Befunde zum Online-Unterricht sind und bleiben auch nach der dritten Pandemie-Welle wenig hoffnungsvoll. In der Angst vor „Corona-Jahrgängen" fordern Verantwortliche aus diesen Befunden mehr oder weniger „reflexhaft" eine (unveränderte) Rückkehr zum „Präsenz"-Unterricht. Ist es nicht naheliegender, die digitale Anreicherung als solche zu optimieren? Und: Wäre es nicht eine verantwortungsvollere Vorsorge für die nächste Krise, Lehrkräfte in agilen Lösungen, ihren Unterricht auf digitale und hybride Ebenen zu verlagern, kompetenter zu machen? Fragen wie diese sind es, die sich die Bildungspolitik aktuell stellt und auch in den kommenden Jahren immer wieder stellen wird.

Die hier skizzierten Lehrpraktiken machen deutlich, dass das politische „Entweder–Oder" dem Potenzial der hybriden Lernräume nicht gerecht wird. Das epistemische Potenzial der aktuellen Zeitenwende wird durch diese „ideologische" Ausschließlichkeit verstellt. Diese fruchtlose Debatte kostet Zeit, die besser im systematischen Lernen und Reflektieren neuer Unterrichtsformen, Unterrichtsstrukturen und Vermittlungsideen investiert ist. Die in dieser Untersuchung erhobenen Erfahrungen zeigen den Weg in ein von Reflexion geprägtes, von einzelnen Unterrichtsszenarien lernenden Bildungssystem. Ein Bildungssystem, das über die Individualisierung und über professionelle Lehr-Lernbeziehungen seine mechanistischen Wurzeln der Normierung hinter sich lässt – und so der Debatte um die Bildungsgerechtigkeit ein gänzlich andersartiges, wertiges und nachhaltiges Argument verschafft.

Die systemisch-konstruktivistische Pädagogik ist nicht neu. Doch mit der Corona-Krise schien sie wie vergessen. Inhaltliche Übernahme von Arbeitsblättern und Musterlösungen stand auf dem Plan und Ziele wurden hauptsächlich inhaltlich taxiert, vielleicht gar kollegial verdrängt – abgespalten als etwas, das (noch) nicht gelebt werden konnte und das erst wieder neu zu entdecken war? Zu verlockend war die mechanistische Pädagogik mit ihrem Dreiklang aus Wissen, Lehren und Führen. Das systemisch-konstruktivistische Verständnis von Lehren und Lernen nicht nur wieder in Erinnerung zu rufen, sondern auf virtuelle und hybride Lernwelten zu übertragen, ist das pädagogische Gebot der Stunde, hinein in ein neues Schuljahr 2021/22.

Selbsttätigkeit und Prozessorientierung sind dabei die zwei zentralen Säulen: nämlich durch aktive Prozesse des Aneignens handlungs- und erfahrungsorientiert zu lernen. Was wiederum bedeutet, dass es kein Lernen ohne Austausch und Resonanz geben kann. Erst diese Klarheit über die Pädagogik, der man/ein Kollegium/eine (Hoch-)Schule sich – aus guten, reflektierten Gründen und als anhaltend lernendes System – verpflichtet fühlt, weist den Weg in ein – dann – klares hybrides Schulkonzept. Systemisch-konstruktivistische Ansätze unterscheiden zwei Formen der Metakommunikation: eine inhaltsbezogene und eine beziehungsmäßige Form. Und diese Form des „Redens über" ist für eine Weiterentwicklung unerlässlich. Möge dies – beides! – allen (Hoch-)Schulen in der je eigenen Weise gelingen, ganz in der von Rolf Arnold (Arnold, 2012, S. 7) treffend formulierten Haltung:

*„Das Lebendige folgt keinen linearen Vorgaben und Impulsen, es lässt vielmehr Ordnungsmuster aus sich heraus entstehen, von denen eine eigene strukturierende und letztlich bildende Kraft ausgeht."*

Unser *herzlicher Dank* gilt allen Kolleg*innen, die ihre Erfahrungen und ihre Zeit in die Studie eingebracht haben – sowohl als Interviewpartner*innen oder als Teilnehmer*innen an unserer Umfrage –, Angela Lanig und Angelika Zink für das gründliche Korrekturlesen, Moritz Vogel, B.Sc. (Psychologie, LMU München) für die fundierte wissenschaftliche Mitarbeit an der Studie und Dr. Sven Solterbeck für das umsichtige Lektorat sowie Julian Schröder für die zielführende Begleitung unseres 3. Buches dieser Reihe in den Druck.

Thomas Hanstein | Andreas Ken Lanig

*im August 2021*

# Liste der Interviewpartnerinnen und -partner

| Interview | Datum | Alter | Geschlecht |
|---|---|---|---|
| 1 | 21.09.2020 | 70 | m |
| 2 | 28.09.2020 | 60 | w |
| 3 | 01.10.2020 | 50 | w |
| 4 | 06.10.2020 | 54 | w |
| 5 | 13.10.2020 | 37 | w |
| 6 | 14.10.2020 | 68 | m |
| 7 | 14.10.2020 | 50 | w |
| 8 | 15.10.2020 | 63 | w |
| 9 | 19.10.2020 | 45 | m |
| 10 | 20.10.2020 | 60 | m |
| 11 | 21.10.2020 | o.A. | w |

Qualitative Analyse

| Teilnehmende | Zeitraum der Untersuchung | Alter | Geschlecht | Berufserfahrung |
|---|---|---|---|---|
| 1721 | 18.01.2021 bis 28.03.2021 | MAlter: 40,34 SDAlter: 14,32 | w: 79 m: 82 d: 3 o. A.: 8 | Lehre/Unterricht: 9,9 Jahre SDBerufserfahrung: 10,31 Online-Lehre/Unterricht: 3,08 Jahre SDBerufserfahrung_online_Lehre: 3,68 |

Quantitative Analyse

---

1  Versuchspersonen aller Schularten und in freien Bildungseinrichtungen

# Literatur

Arnold, R. (2012): Ich lerne also bin ich. Eine systematisch konstruktivistische Didaktik. 2. Auflage. Heidelberg: Karl-Auer.

Berninger-Schäfer, E. (2018): Online-Coaching. Wiesbaden: Springer.

Bucci, W. (1997): Psychoanalysis and Cognitive Science: A multiple code theory. New York: Guilford Press.

Graf, N.; Gramß, D.; Edelkraut, F. (2017): Agiles Lernen: neue Rollen, Kompetenzen und Methoden im Unternehmenskontext. Freiburg: Haufe-Lexware.

Gruber, H. (2007): Über die Rolle epistemischer Überzeugungen für die Gestaltung von E-Learning – eine empirische Studie bei Hochschul-Lehrenden. In: Breitner, M. H.; Bruns, B.; Lehner, F. (Hrsg.): Neue Trends im E-Learning. Aspekte der Betriebswirtschaftslehre und Informatik. Heidelberg: Physica, S. 123–132.

Handke, J. (2020): Handbuch Hochschullehre Digital. Leitfaden für eine moderne und mediengerechte Lehre. 3. aktualisierte und erweiterte Auflage. Baden-Baden: Tectum.

Hanstein, Th. (2008): Ästhetische Kompetenz und religiöse Lernprozesse. Ein Beitrag zur Unterrichtsforschung im Religionsunterricht an berufsbildenden (gewerblich-technischen) Schulen. Universitätsreihe gott-leben-beruf, Bd. 8. Norderstedt: BoD.

Hanstein, Th. (2017): Coaching in der Seelsorge. Ein methodischer Ansatz zur Perspektivenerweiterung im kirchlich-katholischen Milieu. Marburg: Tectum.

Hanstein, Th. (2021a): Selbstmanagement – mit Coachingtools. Ressourcen erkennen, nutzen und pflegen. 2. Auflage, erweitert mit Tools zum Hybrid- und Naturcoaching. Baden-Baden: Tectum.

Hanstein, Th. (2021b): Grundlagen der Online-Didaktik. In: DIPLOMA Hochschule (Hrsg.) (2021): Pädagogik, Methodik, Didaktik II. Studienheft. Bad Sooden-Allendorf (Hausdruckerei), S. 55–66.

Hanstein, Th. (2021c): Coaching als Unterstützung schulischer Transformation. Bedarfsgerechte Weiterbildung von Lehrkräften „nach Corona". In: Coaching Magazin, 3/2021, S. 39–44.

Hanstein, Th.; Lanig, A. (2020a): Spirituelle Kompetenz in digitalen Lern- und Arbeitswelten. Erfolgreich studieren und arbeiten mit Spirituellem Selbstmanagement 4.0. Baden-Baden: Tectum.

Hanstein, Th.; Lanig, A. (2020b): Digital lehren. Das Homeschooling-Methodenbuch. Mit 64 erprobten Online-Methoden. Baden-Baden: Tectum.

Hanstein Th.; Lanig, A. (2021): Die hybride (Hoch-)Schule von morgen jetzt vorbereiten. Ein Credo für Reflexion statt (nur) Funktionalität. In: Medien und Erziehung. Zeitschrift für Medienerziehung. 4/21. S. 67–75.

Heckhausen, H.; Heckhausen, J. (2018): Motivation und Handeln. Berlin: Springer.

Holzkamp, K. (1992): Die Fiktion administrativer Planbarkeit schulischer Lernprozesse. In: Braun, K.-H.; Wetzel, K. (Red.): „Lernwidersprüche und pädagogisches Handeln". Bericht von der 6. Internationalen Ferienuniversität Kritische Psychologie, 24. bis 29. Februar 1992 in Wien. Marburg: Verlag Arbeit und Gesellschaft, S. 1–17.

Klafki, W. (1986): Die bildungstheoretische Didaktik im Rahmen kritisch-konstruktiver Erziehungswissenschaft – oder: Zur Neufassung der Didaktischen Analyse. In: Gudjons, H.; Teske, R.; Winkel, R. (Hrsg.) (1986): Didaktische Theorien. Braunschweig: Westermann, S. 32–37.

Kühl, W.; Lampert, A.; Schäfer, E. (Hrsg.) (2018): Coaching als Führungskompetenz. Konzeptionelle Überlegungen und Modelle. Göttingen: Vandenhoeck & Ruprecht.

Lanig, A. (2019): Virtuelle Fernlehre in gestalterischen Fachbereichen. Vechta: VADo.

Lanig, A. (2020): Ist digitale Designbildung mehr als eine fantastische Erzählung? Eine empirische Studie zeigt: Designkompetenzentwicklung gelingt auch ohne einen physischen Rahmen. In: Park, J. H. (Hrsg.) (2020): Design & Bildung Bd. 3 – Designwissenschaft trifft Bildungswissenschaft. München: Kopaed, S. 138–145.

Litzenburger, R. P. (1987): Wer bin ich, wenn mich niemand anschaut. Schöpfung, Erde, Mensch. München: Kösel.

Mayring, P.; Faltermaier, T.; Ulich, D. (1987): Erträgnisse biographischer Forschung in der Sozialpsychologie. In: Jüttemann, G.; Thomae, H. (Hrsg.): Biographie und Psychologie. Berlin: Springer. S. 266–276.

Ojstersek, N. (2007): Betreuungskonzepte beim Blended Learning. Gestaltung und Organisation tutorielle Betreuung. Münster: Waxmann.

Rietzschel, E. F.; Nijstad, B. A.; Stroebe, W. (2007): Relative accessibility of domain knowledge and creativity: The effects of knowledge activation on the quantity and originality of generated ideas. In: Journal of Experimental Social Psychology, 43, S. 933–946.

Schneider, M.; Mustavic, M. (2015): Gute Hochschullehre – eine evidenzbasierte Orientierungshilfe. Wie man Vorlesungen, Seminare und Projekte effektiv gestaltet. Heidelberg: Springer.

Strauss, A. L. (1998): Grundlagen qualitativer Sozialforschung. Datenanalyse und Theoriebildung in der empirischen soziologischen Forschung. 2. Auflage. Paderborn: W. Fink.

Wolf, C. (2007): Kein Ort. Nirgends. Berlin: Suhrkamp.

## Verwendete Software

VERBI Software. Consult. Sozialforschung GmbH (2021): MAXQDA. Software für qualitative Datenanalyse. Version 2021. Berlin.

# Über die Autoren

DR. THOMAS HANSTEIN
Jahrgang 1971; Diplom-Theologe, OStR (BS); Erstausbildungen in der freien Wirtschaft; Seelsorger; Lehraufträge in Sozialer Arbeit und Creative Direction; Fortbildner und Business-Coach; Schwerpunkte: Führung mit Werten, Berufsethik, Teamentwicklung, Selbst- und Veränderungsmanagement; Promotion mit der Studie: „Ästhetische Kompetenz und religiöse Lernprozesse"; Forschungsschwerpunkte: Kompetenzerwerb und Resilienz, Milieus und Codes, kulturelle Identitäten; verheiratet und dreifacher Vater.

info@coaching-hanstein.de
twitter.com/DrHanstein

PROF. DR. ANDREAS KEN LANIG
Jahrgang 1975; Diplom-Designer, M. A., als solcher seit über zwei Jahrzehnten selbstständig; Hochschullehrer und Professor für gestalterische Fächer: Unternehmenskommunikation, Gestaltungsgrundlagen, Designmanagement auf Bachelor- und Masterebene; Promotion mit der Studie: „Virtualisierte Fernlehre in gestalterischen Fachbereichen"; Arbeits- und Forschungsschwerpunkte: virtuelle Designdidaktik, Unternehmenskommunikation, Medien- und Designkonzepte; verheiratet und Vater von zwei Söhnen.

info@ken.de
facebook.com/ProfLanig

Die Autoren bieten *gemeinsame Schulungen* zur Online-Lehre, kollegiale Coachings und bedarfsgerechte Workshops zur hybriden Transformation an.

Bei Bedarf erreichen Sie die Autoren unter den obenstehenden Kontaktadressen.